Xin chào Tiếng Việt
Global Biz **Vietnamese**

씬짜오
베트남어

일상회화 편·비즈니스회화 편

저자: 응웬 티 꾸잉안(Nguyen Thi Quynh Anh)

추 천 사

부이 티 프엉 찌 [Bui Thi Phuong Chi] (호찌민 베트남 국립대학교 베트남학과 교수)
Giảng viên Khoa Việt Nam học, Đại học Khoa học Xã hội và Nhân văn Thành phố Hồ Chí Minh.

비즈니스 베트남어 교재는 3부로 구성되어 있다. 제1부에서는 베트남에 대한 총괄적인 소개, 베트남어 알파벳, 성조와 음률 체계, 베트남어의 숫자와 요일에 대해 소개하고 있다. 제2부에서는 일상생활에 관련된 내용을, 제3부에서는 사업, 협력, 비즈니스에 대한 내용을 소개한다. 각 단원별로 자주 쓰이는 대화와 표현, 어휘 및 문법 설명, 간단한 연습 문제를 제시하여 한국어와 베트남어로 다루고 있다. 특히, 단원 마지막 부분에 '문화 엿보기'가 있어 각 단원과 문화를 통틀어 구성하였다.

이 책은 디자인이 인상적이며 베트남에서 살면서 일하고 싶은 사람들에게 필요한 자료이다. 또한, 이 교재는 한국어 발음이 표기되어 있어 학원에 다닐 시간이 없는 사람이 혼자 공부하는 데 유용한 책이다.

Quyển sách học tiếng Việt của tác giả Nguyễn Thị Quỳnh Anh gồm ba phần: phần thứ nhất giới thiệu những nét sơ lược Việt Nam, hệ thống chữ cái, dấu thanh, một số kết hợp âm và dấu thanh, cách nói số, cách nói thứ ngày tháng trong tiếng Việt. Phần 2 gồm 13 bài học xoay quanh các chủ đề đời sống sinh hoạt. Phần 3 gồm 15 bài với các chủ đề liên quan đến việc làm ăn, hợp tác, kinh doanh. Mỗi bài có phần hội thoại một số câu thường dùng, từ vựng, giải thích ngữ pháp, một hay hai bài tập và chú giải về văn hóa. Nội dung sách được trình bày ở dạng song ngữ và có phần phiên âm cách đọc tiếng Việt.

Giáo trình được viết với nội dung rất thiết thực cho những người muốn sống, làm việc ở Việt Nam, hình ảnh đẹp mắt, trình bày rõ ràng. Bộ sách này rất tốt cho những người không có điều kiện đến trường hay không có môi trường tiếng. Tuy nhiên, bộ sách cũng còn hạn chế ở phần bài tập.

추 천 사

최진희(아시아언어문화연구소 대표)

한국과 베트남의 관계는 1992년 국교 수립 이후 계속 발전해오고 있으며, 2009년에는 '전략적 협력 동반자 관계'로 격상되었다. 또한 국교를 수립한 이후 양국 간의 교역 규모가 40배 이상 성장하였고, 베트남의 경제 성장과 함께 한-베 FTA 체결로 우리 기업이 베트남에 계속해서 진출하는 추세다. 2017년 말 기준 베트남에 진출한 한국 기업은 5,500곳 정도이며 한국 대(對) 베트남 수출이 전년 대비 46.3% 늘어난 것을 보면 베트남이 기회의 땅인 것은 확실하다.

한국에서도 유학생, 외국인 근로자, 결혼 이민자 등 많은 베트남인을 만날 수 있다. 이에 많은 한국인이 베트남에 대해 친숙함을 느끼면서 비즈니스 베트남어를 배우고 있다.
최근 베트남에 부는 '한류'도 베트남어에 대한 관심을 높이는 데 한몫했다. 현지에서 한국 문화와 박항서 축구 감독에 대한 호감이 매우 높은 상황이며, K-pop의 인기 또한 사그러들지 않고 있다.
취업과 창업을 위해 베트남으로 가는 한국인이 많아지는 반면, 베트남어를 제대로 배워서 갈 수 있는 사람들은 많지 않다. 대부분이 급하게 준비해서 나가고 있기에 아시안허브에서는 공항에서 책 한 권 사서 베트남에 가더라도 의사소통이 가능할 수 있도록 생활회화 편과 비즈니스회화 편으로 나누어 책을 구성하였고, 무료 mp3 파일을 제공하고 있다. 또한 베트남인들과 교류하는 데 문제가 없도록 베트남 현지인이 말하는 베트남 문화를 수록했다.
그 밖에 베트남어를 제대로 배우고자 하는 분들을 위해 아시안랭귀지(http://asianlanguage. kr)를 통해 온라인 강좌를 진행 중이며 오프라인 강좌도 신청을 받고 있다.

갑작스럽게 구입한 이 책이 베트남어와 베트남 문화를 완전정복하는 데 기여할 수 있길 바란다. 한국 사람들에게 도움이 될 수 있는 책을 만들기 위해 많은 사람들이 참여했지만 특히 제대로 된 책을 만들겠다는 신념으로 오랜 시간 집필에 집중한 저자 응웬 티 꾸잉안(Nguyen Thi Quynh Anh)과 베트남어를 한국어로 읽어주는 독음 교정에 참여해준 한국외국어대학교 베트남어학과 송민규, 양가탁 학생 등 도움을 주신 분들께 감사의 인사를 전한다.

서 문

한국과 베트남은 역사적·문화적으로 매우 많은 공통점이 있다. 한국과 베트남은 중국의 정신적인 식민 통치, 민족상잔으로 인한 분단을 비롯해 역사적으로 다양한 감정을 공유하고 있다. 그럼에도 불구하고 2차대전 후 서구 열강의 영향으로 양국의 관계가 단절되기도 했다. 그러다 1992년에 대한민국과 사회주의공화국 베트남이 공식적으로 우호관계를 맺은 이후 지금까지 양국은 끊임없이 그 관계를 발전시켜나가고 있다.

한국과 베트남은 여러 부문에서 적극적인 교류를 이어가고 있고, 양국의 문화와 언어를 비교하고 대조하는 연구도 나날이 증가하고 있다. 2016년을 기준으로 한국에 거주하는 베트남인은 15만 명에 이르며, 베트남에 거주하는 한국인도 외국인으로는 두 번째로 많다. 또한 2015년에는 한국이 베트남에 가장 많은 투자를 해온 일본을 앞지르고 베트남 투자국 1위를 차지하였다.

현재 한국어를 배우려는 베트남인이 많아지고 있으며, 베트남어를 배우려는 한국인도 점차 늘어나고 있다. 이에 따라 한국인을 위한 베트남어 교재가 꾸준히 출간되면서 한국인이 베트남어를 구사하는 수준도 현저히 높아지고 있다. 그런데 기존에 출간된 교재들은 급격히 증가하는 베트남어를 배우려는 수요에 맞추기 위한 응급 처방용 수준이다. 안타깝게도 극히 기초적인 베트남어 습득에 초점을 맞추다 보니 베트남 문화 영역에 대한 소개는 매우 미미한 실정이다. 이러한 단점을 극복하고 한국인들이 베트남어를 기본적으로 구사하는 것은 물론이고, 다양한 문화생활을 영위할 수 있는 예절을 배우고 비즈니스에 필요한 전문용어를 자신 있게 구사하는 데 도움을 주기 위해 이 교재를 집필하였다.

이 책은 베트남을 여행할 때 필요한 베트남어 및 베트남 사람들이 일상생활에서 자연스럽게 구사하는 표현을 배울 수 있다. 뿐만 아니라 비즈니스를 목적으로 베트남어를 배우려는 분들에게도 유용하리라 믿는다.

이 책은 문법 해설에 대한 내용을 자세히 기재하고 있어 기존에 출간된 교재에 비해 베트남어를 깊이 학습할 수 있게 구성하였다. 한편 혼자 베트남어를 학습하는 사람이 쉽게 읽을 수 있게 한국어 발음을 표기했는데 베트남어의 가장 뚜렷한 특성 중 하나인 성조 때문에 실제 발음과 다르게 들릴 수도 있다. 따라서 발음에 대한 어려움을 겪을 때에는 아시안랭귀지(http://asianlanguage.kr) 사이트에서 동영상 강의를 수강하며 연습하면 도움을 받을 수 있다.

이 책은 베트남어 소개 편, 일상회화 편, 비즈니스회화 편 등 세 부분으로 구성하였다. 일상회화 및 비즈니스회화 편은 대화, 유용한 표현, 단어, 문법과 활용, 연습하기, 문화 엿보기 순으로 되어 있으며, 구어체와 문어체, 격식적인 표현과 비격식적인 표현 등으로 조화롭게 구성하고 있어 베트남어를 배우려는 분들에게 체계적인 도움을 줄 것이다.

이 교재를 완성하기까지 아낌없는 조언을 해주시고 도움을 주신 분들이 많다. 먼저 아시안허브를 소개하고 집필을 시작하게 해주신 도티투 선생님, 독자들이 이 교재를 볼 수 있게 지원해주신 아시안허브 최진희 대표님께 감사의 말씀을 드린다. 특히 타국 생활에서 지치지 않게 제자인 나를 늘 격려하며 도와주신 김중섭 교수님을 비롯한 경희대학교 국어국문과 교수님들과 동기 여러분에게 고마운 마음을 전한다. 그리고 베트남에서 실제로 살았던 경험을 바탕으로 귀한 조언을 해주신 김용식 선생님께도 감사드린다. 또한 교재에 대한 전문적인 감수를 해주신 부이 티 프엉 찌(Bui Thi Phuong Chi) 교수님, 변웅걸 선생님, 권기현 선생님께도 진심으로 감사드린다.

이 책을 완성하기 위해 많은 시간을 투자하고 감수를 받는 과정을 거치는 과정에서 노력을 쏟아부었다. 부족한 부분에 대한 조언이나 좋은 아이디어가 있다면 아래의 이메일로 연락해주시기 바란다. 개정판을 낼 때 이 교재의 질을 한층 더 높일 수 있게 독자 여러분의 귀한 조언을 반영할 것을 약속드린다.

2018년 6월 30일
응웬 티 꾸잉안(Nguyen Thi Quynh Anh)
(ngquynhanh@naver.com)

○ 일상회화 편

유진(한국인, 여자)

여행을 목적으로 베트남을 방문한 호기심 많은 29세의 미혼 여성.

쭝(베트남인, 남자)

호텔에서 우연히 만난 유신에게 베트남의 문화를 소개해주는 친절한 청년.

○ 비즈니스회화 편

민정(한국인, 여자)

한국의 중견 게임개발업체 IT허브코리아(IT Hub Korea) 팀장 조민정.
사이공IT와 게임 개발을 제휴하기 위해 베트남을 방문 중이다.

롱(베트남인, 남자)

베트남의 유망 IT 회사인 사이공IT 이사 레반 롱(Lê Văn Long).
민정의 제안을 검토해 한국 회사와 첫 계약을 맺었다.

Xin chào

이 책의 구성 및 활용 방법

이 책은 베트남 여행을 준비하는 분들과 베트남에서 사업을 계획하는 분들을 위해 쓰였다. 여행지에서 바로 사용할 수 있는 기본적인 회화와 베트남 문화에 대한 정보를 담고 있어 일반 관광객들은 물론 사업상 방문하는 분들에게 현지의 특성을 파악해 업무를 진행하는 데 적합한 언어를 사용할 수 있게 도움을 줄 것이다. 아울러 베트남에 국제개발 활동가와 봉사자가 많이 방문하고 있는 현실을 고려해 NGO 활동에 관한 문장과 단어도 함께 담았다.

PART 1에서는 베트남과 베트남어에 대한 기본 지식을 담아 언어의 특성과 글자를 읽고 쓰는 법에 대해 알아본다.

PART 2에는 베트남을 여행하며 만나게 될 다양한 상황에 필요한 단어와 문장을 담았다. "대화" 부분의 에피소드는 여행하는 중에 누구나 겪을 수 있는 내용으로 현지에서 활용할 수 있다.

PART 3에는 사업상 베트남을 방문하는 분들을 위한 문장과 정보를 담았다. 문장을 익히는 것도 중요하지만, 대화에 담긴 베트남의 문화와 특성을 잘 알아둔다면 비즈니스 매너를 지키면서 베트남 사람과 좋은 동반자 관계를 맺는 데 도움이 될 것이다.

● 대화

베트남을 여행하거나 출장 중인 사람들이 겪을 법한 에피소드를 중심으로 대화를 구성해 현지에서 그대로 활용할 수 있는 문장을 담았다. 실제 발음과 가장 유사한 한국어로 발음을 표기해 베트남 문자를 익히지 않아도 바로 사용할 수 있다.

● 유용한 표현

각 과의 주제에 맞는 다양한 문장을 소개한다. 상황에 따라 꼭 필요한 문장을 바로 찾아서 말할 수 있게 자주 쓰이는 문장을 단어만 바꾸어 다양하게 써볼 수 있게 정리했다.

● 단어

각 과의 주제에 맞는 단어를 담고 있어 유용한 표현에 나온 문장과 함께 새로운 문장을 만들 수 있다. 새로운 문장을 만들 때는 "문법" 부분을 참고하면 유용하다.

● 문법과 활용

이 교재의 "대화"와 "유용한 표현"의 문장에 담긴 문법을 중심으로 설명했다. 예문을 중심으로 문법을 익힐 수 있다.

● 연습하기

각 과에서 배운 내용을 복습할 수 있는 간단한 문제를 담고 있다. 문제를 풀면서 배운 내용을 상기하고 복습하며 학습의 효율을 높일 수 있다.

● 문화 엿보기

한국인이 베트남에서 거주하면서 보고 느낀 베트남의 다양한 문화를 소개하고 있다. 다민족국가의 다양성을 지닌 베트남의 사회·문화적 특성이 담긴 내용이 베트남을 이해하는 데 도움을 줄 것이다.

● 연습하기 정답

"연습하기"에 있는 문제의 정답을 정리해놓았다.

● 부록

사업상 베트남을 방문하는 분들을 위해 베트남 산업과 관련된 기관과 사이트에 대한 정보를 싣고 있다.

MỤC LỤC
묵록

차 례

PART 1
베트남어 소개 편

PART 2
일상 회화 편

PART 3

비즈니스 회화 편

PART 1

베트남어 소개 편

01 │ 제1과 **베트남 및 베트남어 소개**

1-1 │ 베트남(Việt Nam, Vietnam)

베트남은 전쟁의 아픔을 극복하고 21세기에 들어와 급격히 발전해가는 동남아시아의
여러 나라 중 가장 눈에 띄는 나라다. 베트남은 북쪽으로는 중국, 북서쪽으로는 라오
스, 남서쪽으로는 캄보디아와 각각 국경을 이루고 있으며, 동쪽과 남쪽은 바다를 접하
고 있다. 베트남 국토의 3/4이 산악지대이고, 1/4은 평야지대이다. 남과 북의 각 지역
에는 큰 평야가 있는데 북부에는 홍강(sông Hồng) 주변에 펼쳐진 홍하평야가 있고, 남
부에는 베트남 남부에서 가장 큰 평야로 세계적으로 잘 알려진 광활한 메콩평야(메콩델
타 Mekongdelta)가 있다.

서쪽에는 산이 집중적으로 모여 있는데, 베트남 남북
을 나누는 국토의 축이라고 할 수 있는 츠엉선(Trường
Sơn)산맥이 있다. 또한 북서부에는 인도차이나 반도에
서 가장 높고 험한 판시판산(Fanxipan)이 있다. 서북
쪽에서 동남쪽으로 갈수록 고도가 낮아진다. 동서 길
이는 북부 지방이 500km로 가장 길고, 중부 지방이
약 50km로 가장 짧다. 베트남 동쪽의 바다에는 황사
군도(Spratly Islands)와 츠엉사 군도(Paracel Islands)
가 각각 베트남의 다낭(Đà Nẵng)과 카인호아(Khánh
Hòa)에 속해 있다. 베트남 남북의 길이는 1,650km에
이르고, 길게 뻗어 있는 S라인 모양이며, 지역에 따라
서 뚜렷한 기후적 특징이 있다. 수많은 민족이 살아가
는 베트남의 요모조모를 알아보자.

- **국명:** 베트남(베트남사회주의공화국)
- **언어:** 베트남어
- **수도:** 하노이(Hanoi)
- **면적:** 33만 2,698km²(한반도의 1.5배)
- **인구:** 약 9,270만 명(2016년 베트남 통계청 기준)
- **종교**
  종교가 있는 인구: 2,500만 명
  – 불교(1,000만 명), 천주교(610만 명), 기독교(150만 명),
    까오다이교(240만 명), 화하오교(120만 명), 회교(10만 명),
    기타(37만 명) (2011년 베트남 정부종교위원회 통계 기준)
- **민족:** 54민족[낑족(86%), 기타 소수민족(14%)]
- **기후:** 열대계절풍(Monsoon) 기후
  남북의 길이가 길고 고도에 따라 상이한 기후 특성을 보인다. 북부에는 사
  계절이 있고 남부는 우기와 건기로 나뉜다. 호찌민을 중심으로 남부 지방
  은 여름이 긴데, 최저기온이 20도, 최고기온은 체온 이상까지 오른다. 기
  온이 높아 더운 반면 바람이 많이 부는 데다 5~10월 사이에는 비가 많이
  내려 상쾌하고 시원해서 견딜 만하다. 겨울에도 눈이 내리지 않지만 북부
  산악지역에서는 가끔 눈을 볼 수 있다. 중부 지역은 일반적으로 건조하다.
  중부 지역의 서쪽은 대륙풍의 영향으로 여름에 많이 덥지만, 동쪽은 바다
  와 인접해 시원한 편이다.
- **화폐 단위:** 동[VND]
- **시간대:** UTC +7 / 한국보다 2시간 느리다.
- **주요 도시:** 하노이(Hanoi), 호찌민(Ho Chi Minh city),
  다낭(Da Nang), 후에(Hue)
- **행정구역:** 2008년 8월 1일 베트남 국회의
  결의를 기점으로 5개 특별시와
  58개의 성(省)으로 편성되었다.

■ 국기

베트남의 국기는 금성홍기(金星紅旗)로 바탕은 빨간색이고 가운데에 노란색 별이 하나 있다. 빨간색은 혁명의 피를, 노란색 별은 베트남 한족의 단결심을 상징한다.

■ 국장

베트남사회주의공화국의 국장은 동그란 모양이며, 빨간색 바탕에 가운데에 노란색 별이 하나 그려져 있다. 별 아래에는 톱니바퀴가 있고 국장 전체를 노란 벼이삭이 감싸고 있는 모양이다. 톱니바퀴 아래 바닥에는 빨간색 리본에 '베트남사회주의공화국(Cộng hòa xã hội chủ nghĩa Việt Nam)'이라고 쓰여 있다. 빨간색 바탕과 노란색 별은 공산당을, 노란 벼이삭은 농민과 농사 문화를, 톱니바퀴는 공업을 상징한다.

■ 국화

베트남의 국화는 연꽃(hoa sen-Lotus)으로 베트남 어디에서나 쉽게 볼 수 있다. 연꽃은 더러운 진흙에서 위를 향해 자라는 향긋한 꽃으로 맑음과 불굴을 상징한다.

1-2 베트남어(tiếng Việt)

▲ 베트남의 작가 응웬주(1765~1829)가 저술한 《쭈엔끼에우(傳翹)》

베트남어 또는 국자(國字, Chữ Quốc ngữ 쯔꾸옥응으)는 1945년 베트남 독립 이후 베트남의 공식 표기법이 되었다. 13세기 이전에 베트남에서는 지식인들이 한국처럼 한자를 사용해 문서를 기록한 역사가 있었으나 14세기에 들어서면서 한자를 베트남어 음운에 맞게 고쳐 만든 "쯔놈 Chữ nôm, 喃字"을 고안해 19세기까지 사용하였다. 쯔놈은 음과 훈을 모두 사용하며, 기존 한자로 나타낼 수 없는 베트남 고유어를 표기하기 위해 만들어졌다. 쯔놈은 문학에서 많이 사용되었는데 특히 《쭈엔끼에우》는 베트남 중세 문학작품 중 가장 대표적인 작품이다. 그러나 베트남 민중이 쯔놈을 배우기가 여전히 어렵다 보니 새로운 지식을 보급하는 데에는 한계가 있었다.

■ 표기

17세기경 포르투갈과 프랑스 선교사들이 포교를 목적으로 라틴알파벳을 활용해 베트남어를 표기했는데, 이 방법이 현재의 베트남어(tiếng Việt)를 표기하는 시초가 되었다. 1945 이후 한자를 사용하지 않고 있으나 현재 한자어가 베트남어 어휘의 약 60%를 차지하고 있다.

■ 특징

베트남어는 베트남 사람의 구어(口語)를 로마자 알파벳으로 표기하는 표음문자로 유형 측면에서 보면 형태를 변형하지 않는 고립어에 속한다. 베트남어는 성조에 따라 의미가 변별되며 음율이 있다. 특히 한국어처럼 어미나

▲ 쯔꾸옥응으의 최초의 모습
(《Catechismus》: 제네바 교리문답)

조사가 없고 문장을 이루는 요소의 위치가 바뀌면 의미가 달라진다. 즉, 어순에 따라 통사 구조를 이룬다. 다시 말해, 베트남어의 기본 어순은 〈주어 + 동사 + 목적어〉로 영어의 어순과 비슷하다. 예를 들어 "Ông Nam ăn cơm"라는 문장은 주어 'Ông Nam'(Nam 씨는), 동사 'ăn(먹다)', 보어 'cơm'(밥)로 구성된다. 단어 구성 차원에서 살펴볼 때 베트남어는 한국어와 달리 수식 성분이 수식을 받는 성분의 뒤에 온다. 예를 들어 "Cái nón(모자) đỏ(빨갛다)"를 한국어로 해석하면 '빨간 모자'이다.

위에서 언급했듯이 베트남어의 어휘 체계에서는 60% 이상이 한자어다. 베트남어는 언어 체계에서 한자 어휘가 큰 비율을 차지하는 것이 한국어와 유일한 공통점이다. 그러므로 한국인이나 베트남인이 서로 언어를 배울 때 이 점을 잘 활용하면 유리하다. 예를 들어 베트남어의 'hồng sâm(홍삼)'의 발음은 '홍섬'으로 한국어의 '홍삼'과 발음이 비슷하다.

■ 성조

한국인이 베트남어를 배울 때 가장 어려운 부분이 바로 성조다. 베트남어의 성조는 총 6가지이며, 표시가 되는 성조는 5가지다.

성조표시	구분	구분	구분
무기호	비슷한 톤으로 하는 발음	ma	귀신
\	높은 톤에서 끝을 내린 발음	mà	그런데
/	비슷한 톤에서 올린 발음	má	어머니(남부)
ˀ	중간 톤에서 약간 올리다가 끝을 내린 발음	mả	무덤
~	약간 내리다가 급격히 올린 발음	mã	말의 마(馬)
.	낮은 톤으로 시작해서 더욱 내린 발음	mạ	벼이삭

02 │ 제2과 **자음 (Phụ âm)**

2-1 자음 (phụ âm)

b	c	ch	d	đ	
버	꺼	쩌	저	더	
g	**gh**	**gi**	**h**	**k**	**kh**
거	거	저	허	까	커
l	**m**	**n**	**nh**	**ng**	**ngh**
러	머	너	녀	응어	응어
p	**ph**	**q**	**qu**	**r**	**s**
퍼	퍼	꿔	꿔	저	써
t	**th**	**tr**	**v**	**x**	
떠	터	쩌	버	써	

■ 자음을 소리 내는 방법을 알아보고, 함께 읽어보자.

b	m	p				양순음
ph	v					순치음
t	th					치음
d	đ	gi	x	l	n	치조음
s	r	tr				치조-경구개음
ch	nh					경구개음
c/k/q	qu	kh	g/gh	ng	ngh	연구개음
h						성문음

2-2 다음 문자를 따라 써보자.

소문자			대문자		
b	b		B	B	
c	c		C	C	
ch	ch		CH	CH	
d	d		D	D	
đ	đ		Đ	Đ	
g	g		G	G	
gh	gh		GH	GH	
gi	gi		GI	GI	
h	h		H	H	
k	k		K	K	
kh	kh		KH	KH	
l	l		L	L	
m	m		M	M	
n	n		N	N	

	소문자			대문자	
nh	nh		**NH**	NH	
ng	ng		**NG**	NG	
ngh	ngh		**NGH**	NGH	
p	p		**P**	P	
ph	ph		**PH**	PH	
q	q		**Q**	Q	
qu	qu		**QU**	QU	
r	r		**R**	R	
s	s		**S**	S	
t	t		**T**	T	
th	th		**TH**	TH	
tr	tr		**TR**	TR	
v	v		**V**	V	
x	x		**X**	X	

■ '-i, -ê, -e' 모음과 첫 자음의 규칙
(Quy tắc ghi các phụ âm đầu với nguyên âm '-i, -ê, -e')

– 'k, c' 모두 '꺼'로 발음하며 'i, ê, e' 앞에서는 'k'를 쓴다.

> 예 ▶ kí(사인하다), kiến(개미), kiếm(검)…

– 다른 모음 앞에서는 'c'를 쓴다.

> 예 ▶ cá(물고기), cam(오렌지), cũ(오래된)…

– 'q'는 항상 반모음 'u'와 같이 결합해서 'qu'[kw] 자음이 된다.

– 'g'와 'gh'는 모두 [거]로 발음하나 'i, ê, e' 앞에서는 'gh'를 쓰며 다른 모음 앞에서는 'g'를 쓴다.

> 예 ▶ gà(닭), gõ(두드리다), ghe(보트), ghi(기록하다), ghê(무섭다)

– 'ng'와 'ngh'는 모두 [응으]로 발음하는데 쓸 때는 'i, ê, e' 앞에서는 'ngh', 다른 모음 앞에서는 'ng'를 쓴다.

> 예 ▶ ngủ(자다), ngưng(멈추다), nghe(듣다), nghĩ(생각하다)

2-3 끝자음(종성)

끝자음	단 어			
-m ㅁ	cam 깜	오렌지	làm 람	일하다/만들다
-n ㄴ	ngon 응온	맛있다	văn học 반 혹	문학
-p ㅂ	lớp học 럽 혹	교실	tập đọc 떱 독	읽기연습
-t ㅅ	mát 맛	시원하다	hát 핫	노래하다
-c ㄱ	học 혹	공부하다	các 깍	~들(복수)
-nh 잉	anh 아잉	~씨/오빠	hành 하잉	파
-ng ㅇ	sống 쏭	살다	mừng 므응	기쁘다
-ch 익	sách 싸익	책	thích 티익	좋아하다

■ 자음으로 시작하는 단어를 통해 문자의 쓰임을 알아보자.

b	c	ch	d	đ
버	꺼	쩌	저	더
bút 붓	cá 까	chim 찜	dừa 즈어	đảo 다오
펜	물고기	새	코코넛	섬

g	gh	gi	h	k
거	거	저	허	까
ga 가	ghế 게	giỏ 즈오	(mùa) 무어, hè 해	kem 깸
역	의자	바구니	여름	아이스크림

kh	l	m	n	nh
커	러	머	너	녀
khói 코이	lá 라	mây 머이	nóng 농	nhà 냐
연기	잎	구름	덥다	집

ng	ngh	p	ph
응어	응어	퍼	퍼
ngồi 응오이	nghe 응애	pin 핀	phở 퍼
앉다	듣다	배터리	쌀국수

qu	r	s	t	th
꿔	저	써	떠	터
quà 꽈	rau 자우	sông 쏭	tay 따이	thỏ 토
선물	채소	강	손	토끼

tr	v	x
쩌	버	써
tre 째	voi 보이	xe ô-tô 쎄 오또
대나무	코끼리	자동차

MEMO

03 제3과 모음(Nguyên âm)

3-1 단모음 12개(12 nguyên âm đơn)

A	a	Ă	ă	Â	â	O	o	Ô	ô	Ơ	ơ
아		아		어		오		오		으어	

E	e	Ê	ê	U	u	Ư	ư	I	i	Y	y
애		에		우		으		이		이	

■ 단모음으로 이루어진 단어를 읽어보자.

소문자		대문자	
a	a	A	A
ă	ă	Ă	Ă
â	â	Â	Â
o	o	O	O
ô	ô	Ô	Ô
ơ	ơ	Ơ	Ơ
e	e	E	E
ê	ê	Ê	Ê
u	u	U	U
ư	ư	Ư	Ư
i	i	I	I
y	y	Y	Y

■ 모음으로 시작하는 단어를 통해 문자의 쓰임을 알아보자.

a	ă	â	o	ô	ơ
아	아	어	오	오	으어
áo 아오	ăn 안	(cái) ấm 까이엄	(con) ong 꼰옹	ông 옹	(cám) ơn 깜언
옷	먹다	주전자	벌	할아버지	감사합니다/고맙습니다

e	ê	u	ư	i	y
애	에	우	으	이	이
em 앰	(con) ếch 꼰엑	um tùm 움뚬	(chim) ưng 찜응	im lặng 임 랑	yêu 이에우
동생	개구리	무성한	독수리	조용한	사랑하다

3-2 이중모음(các nguyên âm đôi: /iê/, /ươ/, /uô/)

소리	표기	조건	예시
[iê]	ia	끝소리가 없는 경우	bia, mía
	ya	반모음 'u'가 있고 끝소리가 없는 경우	khuya
	iê	끝소리가 있는 경우	biển, tiếng Việt
	yê	반모음 'u'가 있고 끝소리가 있는 경우	yêu, yên lặng
[ươ]	ưa	끝소리가 없는 경우	mưa, trưa
	ươ	끝소리가 있는 경우	cười, lười
[uô]	ua	끝소리가 없는 경우	mua, chua
	uô	끝소리가 없는 경우	chuối, muốn

3가지 이중모음 '-iê-, -ươ-, -uô-'의 'ê, ơ, ô'는 강하게 발음한다.

반모음(bán nguyên âm)

1) 두(頭) 반모음

o-	oe	oa	oă-	
	오애	오아:	오아	
u-	uê	uâ	uy	ua
	우에	우어	우이	우아

2) 말(末) 반모음

-i	ai	ay	ui	ưi
	아이:	아이	우이	으이
	ơi	ôi	oi	oai
	어이	오이	오이	오아이
-o	ao	eo		
	아오	애오		
-u	au	ưu	êu	iu
	아우	으우	에우	이우

※ [:] 는 장음표기이므로 길게 발음한다.

■ 모음으로 시작하는 단어를 통해 문자의 쓰임을 알아보자.

번호	반모음	이중모음	단어		
1	o-	oa 오아	hoạ sĩ 화 씨 화가	toà nhà 따 냐 빌딩	cái loa 까이 롸 확성기
2		oặ 오아	xoăn 쏘안 굽다	hoặc 확 ~이나/나	thoăn thoắt 토안 토앗 재빠르다
3		oe 오애	khoẻ 쾌 건강하다	đỏ hoe 도 해 발개지다	loè loẹt 래 로앳 화려하다
4		oi 오이	câu hỏi 꺼우 호이 질문	tỏi 또이 마늘	nói 노이 말하다
5	u-	ua 우아	mua 무아 사다	mùa hè 무아 해 여름	chua 쭈아 시다
6		uâ 우어	tuần 뚜언 주일	quần áo 꾸언 아오 옷	huân chương 후언 쯔엉 휘장
7		uê 우에	Huế 훼 도시 이름	thuê nhà 투에 냐 임대하다	thuế 투에 세금
8		uy 우이	tuy nhiên 뛰 니엔 그러나	quy tắc 뀌 딱 규칙	huỷ bỏ 휘 보 취소하다
9		ui 우이	mùi hương 무이 흐엉 향 / 좋은 냄새	vui vẻ 부 이베 기분이 좋다	núi 누이 산
10		uô 우오	uống 우옹 마시다	buồn 부온 슬프다	đi xuống 디 쑤옹 내려가다
11	ư-	ưi 으이	ngửi 응으이 냄새 맡다	gửi 그이 보내다	mắng chửi 망 쯔이 야단치다 / 혼내다
12		ưa 으아	mưa 므어 비	cửa 끄어 문	giữa 즈어 가운데
13		ươ 으어	cười 끄어이 웃다	dinh dưỡng 즈잉 즈엉 영양	trường học 츠엉 혹 학교
14		ưu 으우	cứu 끄우 살리다	lưu lại 르우 라이 저장하다	về hưu 베 흐우 은퇴하다

번호	반모음	이중모음	단어		
15		ia 이어	kia 끼어 저기/저	phía 피어 쪽/방향	địa chỉ 디아 찌 주소
16	i-	iê 이에	tiền 띠엔 돈	tiêu dùng 띠에우 중 소비	nhân viên 년 비엔 사원
17		iu 이우	dịu dàng 지우 장 상냥하다	chịu đựng 찌우 등 견디다	dìu dắt 지우 잣 인도하다
18		ai 아이	hai 하이 숫자 둘	trai gái 짜이 가이 남녀	bài tập 바이 떱 숙제
19	- i	ay 아이	tay 따이 손	bay 바이 날다	ngày 응아이 날
20		ơi 어이	bơi 버이 수영하다	chơi 쩌이 놀다	lời nói 러이 노이 말
21		ôi 오이	tôi 또이 나, 저	môi 모이 입술	gió thổi 조이 토이 바람이 불다
22		oai 와이	xoài 쏴이 망고	loài người 롸이 응어이 인간	năm ngoái 남 응와이 작년
23		ao 아오	cao 까오 높다	gạo 가오 쌀	cháo 짜오 죽
24	- o	eo 애오	mèo 매오 고양이	kẹo 깨오 사탕	nghèo 응애오 가난한
25		au 아우	tàu 따우 선, 배	lau 라우 닦다	giàu 자우 부유한
26	- u	âu 어우	lâu 러우 오래	quả dâu 꽈 저우 딸기	mẫu 머우 샘플
27		êu 에우	kêu gọi 께우 고이 외치다	con sếu 꼰 쎄우 두루미	cái lều 까이 레우 오두막

04 제4과 성조(thanh điệu/dấu)

4-1 Thanh ngang (ngang 성조)

- 표기: 없음
- 발음: 높은 톤으로 비슷하게 발음한다.

Ví dụ: ba, cha, ma

4-2 Thanh sắc (sắc 성조)

- 표기: ' / '
- 발음: 중간 톤을 잡고 점점 음을 올려서 발음한다.

Ví dụ: bá, chá, má

4-3 Thanh ngã (ngã 성조)

- 표기: ' ~ '
- 발음: 높은 톤에서 내리다가 올려서 발음한다.

Ví dụ: bã, chã, mã

4-4 Thanh huyền (huyền 성조)

- 표기: ' \ '
- 발음: 낮게 내려서 발음한다.

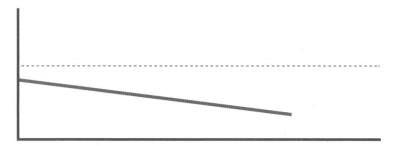

Ví dụ: bà, chà, mà

4-5 Thanh nặng (nặng 성조)

- 표기: ' . '
- 발음: 낮은 톤에서 갑작스럽게 떨어뜨려서 발음한다.

Ví dụ: bạ, chạ, mạ

4-6 Thanh hỏi (hỏi 성조)

- 표기: ' ̉ '
- 발음: 낮은 톤에서 약간 올리다가 떨어뜨려서 발음한다.

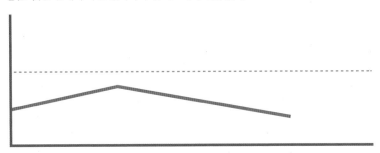

Ví dụ: bả, chả, mả

끝소리 'c, t, p'를 가진 음절의 경우에는 sắc 성 혹은 nặng 성만 쓰인다.

예 ▶ các, hạt, học, tập, tắt …

05 | 제5과 자음과 모음의 조합

5-1 | 성조 구별 연습

ba	bà	bá	bả	bã	bạ
bông	bồng	bống	bổng	bỗng	bộng
cao	cào	cáo	cảo	cão	cạo
đê	đề	đế	để	đễ	đệ
chưa	chừa	chứa	chửa	chữa	chựa
gao	gào	gáo	gảo	gão	gạo
gang	gàng	gáng	gảng	gãng	gạng
gieo	gièo	giéo	giẻo	giẽo	giẹo
rung	rừng	rứng	rửng	rững	rựng
hai	hài	hái	hải	hãi	hại
kiêm	kiềm	kiếm	kiểm	kiễm	kiệm
khô	khò	khố	khổ	khỗ	khộ
lam	làm	lám	lảm	lãm	lạm
moi	mòi	mói	mỏi	mõi	mọi
nhưng	nhừng	nhứng	nhửng	những	nhựng
nghi	nghì	nghí	nghỉ	nghĩ	nghị
phu	phù	phú	phủ	phũ	phụ
quân	quần	quấn	quẩn	quẫn	quận
sau	sàu	sáu	sảu	sãu	sạu
trông	trồng	trống	trổng	trỗng	trộng
vinh	vình	vính	vỉnh	vĩnh	vịnh
xuông	xuồng	xuống	xuổng	xuỗng	xuộng

성조: ngang, huyền "\", sắc "/", ngã "~", nặng "•", hỏi "ˀ"

첫 자음		모음	
b, c(k/q), ch, d, đ, k,h		a, â, o, ô, u e, iê, ai	
bà 바	bé 배	bò 보	bận 번
할머니	작다	소	바쁘다
cá 까	có 꼬	cân 껀	cái 까이
물고기	있다	무게를 측정하다	종별사(한 개, 두 개)
kem 깸	kẹo 깨오	kí tên 끼 뗀	kì diệu 끼 지에우
크림	사탕	사인	신기하다
qua 꾸아	quà 꾸아	quê 꾸에	quên 꾸엔
지나다	선물	고향	잊다
cha 짜	cho 쪼	chiều 찌에우	chai 짜이
아버지(남부방언)	주다	저녁	종별사의 병
da 자	(con) dê 꼰 제	diều 지에우	dai 자이
피부	양(羊)	연(鳶)	쫄깃하다
đá 다	đó 도	đến 덴	đây 더이
돌	거기	도착하다	여기
bài 바이	bãi biển 바이비엔	bạn bè 반 배	báo cáo 바오 까오
과/단원	바닷가	친구	보고하다
con trai 꼰 짜이	củ cải 꾸까이	cao cấp 까오 껍	cô giáo 꼬 자오
남자/아들	무	고급	여선생
kém 깸	kiểu dáng 끼에우 장	kỉ niệm 끼 니엠	kiêng kị 끼엥 끼
못하다	모양	추억	금기
hẹn hò 핸 호	hoa hồng 화 홍	hoa hậu 화 허우	hài hước 하이 흐억
데이트하다	장미꽃	미스(미인대회)	유머가 있다

성조: ngang, huyền "\", sắc "/", ngã "~", nặng "•", hỏi "ˀ"	
첫 자음	모음
l, m, n, r, s, t, v, x	a, â, ă, e, i, iê, o, ô, ư, ươ

lạ lùng 라 룽	lấp lánh 럽 라잉	lung linh 룽 링	lung lay 룽 라이
기이하다	반짝이다	깜박거리다	흔들다
mạnh mẽ 마잉 매	màu sắc 마우 싹	may mắn 마이 만	món ăn 몬 안
힘이 있다/세다	색깔	운이 좋다/다행히	음식
nóng nực 농 늑	nôn nóng 논 농	nâng niu 넝 니우	nuôi dưỡng 누오이 즈엉
덥다	마음이 조급하다	애지중지하다	키우다
rau củ 자우 꾸	rong rêu 종 제우	rên rỉ 젠 지	rõ ràng 조 장
야채	선류	끙끙거리다	분명하다
so sánh 쏘 싸잉	sản xuất 싼 쑤엇	sạch sẽ 싸익 쎄	sáng tạo 쌍 따오
비교하다	생산하다	깨끗하다	창의적
tình cảm 띵 깜	tươi 뜨어이	tài năng 따이 낭	tính tình 띵 띵
감정	싱싱하다	재능이 있다	성격
vội vàng 보이 방	văn minh 반 밍	vất vả 벗 바	vé máy bay 배 마이 바이
서두르다	문명	힘들다	비행기표
xã hội 싸 호이	xây dựng 써이 증	xinh đẹp 씽 뎁	xuất hiện 쑤엇 히엔
사회	건설하다	예쁘다	생기다

성조: ngang, huyền "\", sắc "/", ngã "~", nặng "•", hỏi "ˀ"	
첫 자음	모음
ch, kh, nh, ng, ngh, ph, th, tr	a, â, ă, e, i, iê, o, ô, u, ư, ươ

chị em 찌 앰	chương trình 쯔엉 찡	chúng tôi 쭝 또이	chiến tranh 찌엔 짜잉
자매	프로그램	우리	전쟁
khó khăn 코 칸	khéo léo 캐오 래오	không khí 콩 키	khai giảng 카이 장
어려움	솜씨 있다	공기	개강
nhà 냐	nhẹ 니애	nhiều 니에우	nhớ 니어
집	가볍다	많다	그립다
ngủ 응우	ngày mai 응아이 마이	ngọt ngào 응옷 응아오	ngại ngùng 응아이 응웅
자다	내일	달콤하다	어색하다
nghỉ mát 응이 맛	nghề nghiệp 응에 응이엡	nghêu 응에우	nghi ngờ 응이 응어
여름휴가	직업	조개	의심하다
phát triển 팟 찌엔	phân phối 펀 포이	phòng khách 퐁 카익	phòng học 퐁 혹
발전하다	유통	거실	교실
thân thể 턴 테	thang máy 탕 마이	thay đổi 타이 도이	thường xuyên 트엉 쑤엔
신체	엘리베이터	변하다	자주
trẻ 째	trang phục 짱 푹	trường học 쯔엉 혹	trung tâm 쭝 떰
젊다	의상	학교	중심/센터

다음 문장을 읽어보자.

Tôi là học sinh. 또이 라 혹 씽. 저는 학생입니다.	Tôi là người Hàn Quốc. 또이 라 응으어이 한 꾸옥. 저는 한국 사람입니다.
Đây là con mèo. 더이 라 꼰 매오. 고양이입니다.	Con mèo này màu xám. 꼰 매오 나이 마우 쌈. 이 고양이의 색깔은 회색입니다.
Đó là cô Hoa. 도 라 꼬 화. 그분은 화 선생님입니다.	Cô Hoa rất hiền. 꼬 화 젓 히엔. 화 선생님은 아주 착합니다.
Kia là cái đồng hồ. 끼어 라 까이 동 호. 저것은 시계입니다.	Cái đồng hồ đó đã cũ. 까이 동 호 도 다 꾸. 그 시계는 낡았습니다.
Tôi sống ở Hà Nội. 또이 쏭 어 하 노이. 저는 하노이에 삽니다.	Tôi muốn giúp đỡ họ. 또이 무온 줍 더 호. 저는 그들을 도와주고 싶습니다.
Tiếng Việt rất dễ. 띠엥 비엣 젓 제. 베트남어는 아주 쉽습니다.	Việc này rất khó. 비엑 나이 젓 코. 이 일은 아주 어렵습니다.
Ngày mai là ngày nghỉ. 응아이 마이 라 응아이 응이. 내일은 휴일입니다.	Chị Bình thích đọc sách. 찌 빙 틱 독 싸익. 빙 씨는 책을 읽는 것을 좋아합니다.
Thời tiết không tốt. 터이 띠엣 콩 똣. 날씨가 좋지 않습니다.	Hàn Quốc có bốn mùa. 한 꾸옥 꼬 본 무오. 한국은 사계절이 있습니다.
Mùa thu ở Hà Nội rất đẹp. 무오 투 어 하 노이 젓 뎁. 하노이의 가을이 아주 아름답습니다.	Mùa đông ở Hàn Quốc rất lạnh. 무아 동 어 한 꾸옥 젓 라잉. 한국은 겨울이 아주 춥습니다.
Thầy Trí dạy tiếng Việt ở Hà Nội. 터이 찌 자이 띠엥 비엣 어 하 노이. 찌 선생님이 하노이에서 베트남어를 가르칩니다.	Anh Long làm việc ở công ty IT Sài Gòn. 아잉 롱 람 비엑 어 꽁 띠 IT 사이 곤. 롱 씨가 사이곤 IT 회사에서 일합니다.

06 | 제6과 숫자와 달력

6-1 | 베트남어 숫자

베트남에서는 숫자를 사용할 때 베트남 고유어 숫자와 한자어 숫자를 동시에 사용할 수 있는데, 대부분의 사람들이 날짜와 시간, 휴대전화 번호부터 자동차 번호판까지 베트남 고유어 숫자를 사용한다. 다만 베트남어는 성조가 있기 때문에 숫자의 단위에 따라 성조나 표시가 규칙적으로 변형되는 특징이 있다. 예를 들어 5는 베트남어로 năm 남이지만 10 단위 이상인 '15, 25, 35…' 같은 경우에는 5를 [lăm 람]으로 발음한다.

베트남에 방문할 계획이 있다면 베트남 고유어 숫자를 1부터 9까지 기억하는 것이 좋다. 가격표, 거리의 표지판 등을 읽거나 베트남 달력을 보고 약속 시간과 날짜를 정할 때 다양하게 활용할 수 있다.

1	Một 못	11	Mười một 므어이 못	21	Hai mươi mốt 하이 므어이 못	31	Ba mươi mốt 바 므어이 못
2	Hai 하이	12	Mười hai 므어이 하이	22	Hai mươi hai 하이 므어이 하이	32	Ba mươi hai 바 므어이 하이
3	Ba 바	13	Mười ba 므어이 바	23	Hai mươi ba 하이 므어이 바	33	Ba mươi ba 바 므어이 바
4	Bốn 본	14	Mười bốn 므어이 본	24	Hai mươi bốn 하이 므어이 본	34	Ba mươi bốn 바 므어이 본
5	Năm 남	15	Mười lăm 므어이 람	25	Hai mươi lăm 하이 므어이 람	35	Ba mươi lăm 바 므어이 람
6	Sáu 싸우	16	Mười sáu 므어이 싸우	26	Hai mươi sáu 하이 므어이 싸우	36	Ba mươi sáu 바 므어이 싸우
7	Bảy 바이	17	Mười bảy 므어이 바이	27	Hai mươi bảy 하이 므어이 바이	37	Ba mươi bảy 바 므어이 바이
8	Tám 땀	18	Mười tám 므어이 땀	28	Hai mươi tám 하이 므어이 땀	38	Ba mươi tám 바 므어이 땀
9	Chín 찐	19	Mười chín 므어이 찐	29	Hai mươi chín 하이 므어이 찐	39	Ba mươi chín 바 므어 찐
10	Mười 무어이	20	Hai mươi 하이 므어이	30	Ba mươi 바 므어이	40	Bốn mươi 본 므어이

- 15부터는 5의 [năm] 발음을 [lăm]으로 바꿔서 발음한다.
- 20부터는 mười의 huyền 성조를 평성으로 바꿔서 발음한다.
- 21부터는 một의 nặng 성조를 sắc 성조로 바꿔서 발음한다.

100	một trăm 못 짬	100,000	một trăm nghìn 못 짬 응으인
1,000	một nghìn 못 응인	1,000,000	một triệu 못 찌에우
10,000	mười nghìn 므어이 응인	1,000,000,000	một tỉ 못 띠

베트남에서 전화번호를 읽을 때

không chín không bảy hai một- tám bốn chín chín (090 721 8499)

 090 721 8499 콩찐콩 바이하이못 땀본찐찐

▶ 휴대전화 번호는 보통 090, 091, 098 등으로 시작하며 10~11개의 숫자가 있다. 전화번호는 한 글자씩 읽기보다 앞에 있는 세 숫자 090, 091, 098 등을 먼저 읽은 다음 나머지 숫자를 3, 4개씩 묶은 단위로 끊어 읽는다.

▶ 앞에서 말한 세 가지 숫자는 통신사에 따라 다르다. 베트남에는 비엣텔(Viettel), 비나폰(Vinaphone), 모비폰(Mobiphone) 등이 있는데, 비엣텔의 경우 098, 097, 096으로 시작하는 특성을 부각하기 위해 098/345/6789로 끊어 읽기도 한다.

▶ 0은 'không 콩'이라는 고유어가 있는데 혼자 쓰일 때에는 이름대로 'không 콩'이라고 읽고, 숫자를 결합해 10 단위 이상인 101,102, 2001, 2002 등으로 쓰일 경우에는 'linh 링', 'lẻ 래'라고 읽는다.

▶ 유선전화의 번호는 지역번호(04: 하노이 지역, 08: 호찌민 지역)를 먼저 읽고, 나머지 숫자를 3, 4개 단위로 끊어 읽는다.

Không tám-tám ba bốn năm-tám hai ba bốn (08 8345 8234)

 08 8345 8234 콩땀 땀바본남 땀하이바본

베트남의 달력

베트남은 농경문화를 중시해 달력을 사용할 때 양력과 음력을 함께 쓴다. 베트남 달력은 숫자로 양력 년, 월, 일을 표기하고, 왼쪽이나 오른쪽의 빈 공간에 음력 날짜를 표기한다. 베트남에서는 날짜를 말할 때 한국과 달리 요일, 일, 월, 년의 순서로 말한다.

예 thứ hai, ngày 10 tháng 4, năm 2017 (2017년 4월 10일 월요일)
트 하이, 응으아이 므어이, 탕 뜨, 남 하이응으인므어이바이

Thứ 트 요일			
Thứ hai 트 하이	월요일	Thứ sáu 트 싸우	금요일
Thứ ba 트 바	화요일	Thứ bảy 트 바이	토요일
Thứ tư 트 뜨	수요일	Chủ nhật 쭈 녓	일요일
Thứ năm 트 남	목요일		

Tháng 탕 월			
Tháng một 탕 못	1월	Tháng bảy 탕 바이	7월
Tháng hai 탕 하이	2월	Tháng tám 탕 땀	8월
Tháng ba 탕 바	3월	Tháng chín 탕 찐	9월
Tháng tư 탕 뜨	4월	Tháng mười 탕 므어이	10월
Tháng năm 탕 남	5월	Tháng mười một 탕 므어이 못	11월
Tháng sáu 탕 싸우	6월	Tháng mười hai 탕 므어이 하이	12월

PART 2

일상회화 편

01 | 제1과

씬 짜오 아잉
Xin chào anh
안녕하세요

대화

Yoojin
유진:
> 씬 짜오 아잉.
> Xin chào anh.
> 안녕하세요.

Trung
쯩:
> 씬 짜오 찌. 젓 부이 드억 갑 찌.
> Xin chào chị. Rất vui được gặp chị.
> 안녕하십니까. 만나서 반갑습니다.

Yoojin
유진:
> 젓 부이 드억 갑 아잉. 씬 로이 아잉 뗀 라 지?
> Rất vui được gặp anh. Xin lỗi anh tên là gì?
> 반갑습니다. 실례지만, 이름이 무엇입니까?

Trung
쯩:
> 또이 뗀 라 쯩. 찌 뗀 라 지?
> Tôi tên là Trung. Chị tên là gì?
> 제 이름은 충입니다. 성함이 어떻게 되세요?

Yoojin
유진:
> 또이 뗀 라 유진.
> Tôi tên là Yoo Jin.
> 유진입니다.

Trung
쯩:
> 짜오 믕 찌 뗀 비엣 남.
> Chào mừng chị đến Việt Nam.
> 베트남에 오신 것을 환영합니다.

- 만나서 반갑습니다.
  Rất vui được gặp. / Rất hân hạnh được gặp.
  젓 부이 드억 갑. / 젓 헌 하잉 드억 갑.
- 감사합니다. **Cám ơn.** 깜 언.
- 대단히 감사합니다. **Rất cám ơn.** 젓 깜 언.
- 환영합니다. **Chào mừng.** 짜오 믕.
- 실례합니다. / 미안합니다. **Xin lỗi.** 씬 로이.
- 다시 만나요. **Hẹn gặp lại.** 헨 갑 라이.
- 내일 만나요. **Ngày mai gặp.** 응아이 마이 갑.
- 안녕히 계세요. **Chào tạm biệt.** 짜오 땀 비엣.
- 안녕히 가세요. **Chào tạm biệt.** 짜오 땀 비엣.
- 안녕히 주무세요. **Chúc ngủ ngon.** 쭉 응우 응온.
- 오랜만이에요. **Lâu rồi không gặp.** 러우 조이 콩 갑.
- 잘 지내셨어요? / 건강하세요? **Chị/Anh có khoẻ không?** 찌/아잉 꼬 쾌 콩?
- 잘 지내요. **Tôi khoẻ.** 또이 쾌.
- 별일 없이 지내요. **Tôi bình thường.** 또이 빙 트엉.

이름	tên	뗀	소개하다	giới thiệu	저이 티에우
환영	chào mừng	짜오 믕	예(알겠습니다)	vâng ạ	브엉 아
한국	Hàn Quốc	한 꾸옥	만나다	gặp	갑
베트남	Việt Nam	비엣 남	먹다	ăn	안
예(대답)	vâng/dạ	브엉/자	마시다	uống	우옹
반갑다	vui	부이	오다	đến	덴
차	trà	짜	가다	đi	디
아니오	không	콩	무엇	gì	지

➡ 인칭대명사

베트남어의 인칭대명사는 매우 다양하며 호칭할 상대방의 성별과 연령에 따라 다음과 같이 구분해서 쓴다. 복수형을 만들 때는 〈các 깍 + 단수형〉으로 쓰고, 2인칭대명사 뒤에 'ấy 어이'를 붙이면 3인칭이 된다.

1인칭		2인칭		3인칭	
단수	복수	단수	복수	단수	복수
tôi 또이 저/나	chúng tôi 쭝 또이 우리 (듣는 사람을 포함하지 않음)	bạn 반 친구/당신	các bạn 깍 반 여러분/당신들	bạn ấy 반 어이 그 친구	các bạn ấy 깍 반 어이 그 친구들
	chúng ta 쭝 따 우리 (듣는 사람 포함)	anh 아잉 형/오빠	các anh 깍 아잉 오빠들/형들	anh ấy 아잉 어이 그 남자/ 그 오빠/ 그 형	các anh ấy 깍 아잉 어이 그 남자들/ 그 오빠들/ 그 형들
Em 엠 저(선생님 또는 형/누나에게)	chúng em 쭝 엠 저희	chị 찌 언니/누나	các chị 깍 찌 언니들/누나들	chị ấy 찌 어이 그 언니/그 누나	các chị ấy 깍 찌 어이 그 언니들/그 누 나들
Mình 밍 나(친구에게)	chúng mình 쭝 미잉 우리(친구끼리)	ông 옹 할아버지/ 중년 이상인 남성	các ông 깍 옹 할아버지들/ 남성 어른들	ông ấy 옹 어이 그 할아버지/ 그 어른	các ông ấy 깍 옹 어이 그 할아버지들/ 그 남성 어른들
		bà 바 할머니/ 중년 이상인 여성	các bà 깍 바 할머니들/ 여성 어른들	bà ấy 바 어이 그 할머니/ 그 여성 어른	các bà ấy 깍 바 어이 그 할머니들/ 그 여성 어른들
		cô 꼬 아가씨/ 여자 선생님	các cô 깍 꼬 아가씨들/ 여자 선생님들	cô ấy 꼬 어이 그 아가씨/ 그 선생님	các cô ấy 깍 꼬 어이 그 아가씨들/ 그 선생님들

베트남어는 호칭이 다양하다. 격식을 갖출 때나 친근한 사이 등 상황에 따라 1인칭을 골라서 사용한다. 성별과 나이에 따라 상대방을 부르는 호칭이 다르다. 일반적으로 친근한 사이에서는 상대방을 부르는 호칭을 생략하여 말할 수 있으나 나이가 많거나 윗분을 높여서 부를 때에는 알맞은 호칭을 붙여서 말해야 한다.

> **예** – 너는 이름이 뭐니?(선생님이 학생에게) **Em tên là gì?** 엠 뗀 라 지?
> – 저는 베트남 사람입니다. **Tôi là người Việt Nam.** 또이 라 응으어이 비엣 남.
> – 할아버지, 안녕하세요?(손자가 할아버지에게) **Cháu chào ông ạ.** 짜우 짜오 옹 아.

➡ 호칭 + tên là gì? ~뗀라지?

다른 사람의 이름을 물어볼 때 호칭 뒤에 'tên là gì?~ 뗀라지?'를 붙여서 사용한다.

> **예** – 이름이 무엇입니까? **Anh tên là gì?** 아잉 뗀 라 지?
> – 제 이름은 롱입니다. **Tôi tên là Long.** 또이 뗀 라 롱.

연습하기

 그림을 보고 베트남어로 써보자.

형/오빠	할머니	할아버지	(여성) 선생님

 다음 문장을 베트남어로 말해보자.

A. 안녕하세요? (자기보다 나이가 많은 남성에게)

_____

B. 만나서 반갑습니다.

_____

베트남어의 호칭

베트남은 한국과 같이 유교 문화가 있어서 위아래 사람을 분명히 구별하는데, 그에 따라 호칭도 매우 발달하였다. 가족관계에서 'ông 옹', 'bà 바'는 할아버지, 할머니를 부를 때 사용하는 호칭이며, 격식을 갖춘 환경에서 'Mr, Ms'의 의미이다. 마찬가지로 가족관계에서 'anh 아잉', 'chị 찌'는 형/오빠, 누나/언니를 부를 때뿐만 아니라 일상생활에서도 상대방을 부를 때 자주 쓰인다. 베트남은 특히 1인칭이 발달하여 상황에 따라 예의 바른 호칭을 골라서 사용한다. 구체적으로 'tôi 또이'는 상대방과 평등하게 격식을 갖출 때 쓰며 'mình 밍'은 일반적으로 친구끼리 사용하거나 친근한 느낌을 주기 위해 사용하는 호칭이다. 특히 학교에서 선생님과 학생이 대화하는 상황에서 학생은 자기를 'em 엠'이라고 부르면서 여자 선생님을 'cô 꼬', 남자 선생님을 'thầy 터이'라고 부른다. 부모님과 대화할 때는 자식들이 자기를 'con 꼰'이라고 부르며, 엄마를 'mẹ 메', 아빠를 'bố 보/ba 바'라고 부른다. 할아버지, 할머니와 대화할 때 손자들이 자기를 'cháu 짜우'라고 부른다.

베트남어는 호칭이 다양하므로 베트남 사람을 만날 때에는 상황에 맞는 올바른 호칭을 선택해서 말하는 것이 중요하다. 자신과 나이 차이가 많지 않으면 'anh 아잉(남성)', 'chị 찌(여성)'라고 부르고 자신에게는 'tôi 또이'를 사용하는 것을 추천한다. 또한 주어가 있는 문장이 예의 바르고 상대를 높이는 표현이라는 특성이 있으므로 존대하는 표현을 하려면 반드시 호칭과 함께 문장에 주어를 붙여서 사용한다.

본인	상대방
con	**ba**(아버지), **mẹ**(어머니)
em	**anh, chị, thầy, cô** (형/오빠, 누나/언니, 선생님)
cháu	**ông**(할아버지), **bà**(할머니), **bác**(큰아버지), **chú**(작은아버지), **cô**(고모), **dì**(이모)
tôi	**anh**(당신-남성), **chị**(당신-여성), **ông**(어른 남성-Mr), **bà**(어른 여성-Ms)

02 제2과

또이 라 응으어이 한 꾸옥
Tôi là người Hàn Quốc
저는 한국 사람이에요

대화

Trung
쫑:
찌 유진, 찌 라 응으어이 느억 나오?
Chị Yoo Jin, chị là người nước nào?
유진 씨는 어느 나라 사람이에요?

Yoojin
유진:
또이 라 응으어이 한 꾸옥.
Tôi là người Hàn Quốc.
한국 사람이에요.

Trung
쫑:
찌 람 응으에 지?
Chị làm nghề gì?
무슨 일을 하십니까?

Yoojin
유진:
또이 라 띵 응웬 비엔. 꼰 아잉 라 자오 비엔 파이 콩?
Tôi là tình nguyện viên. Còn anh là giáo viên phải không?
저는 자원봉사자입니다. 당신은 교사지요?

Trung
쫑:
콩. 또이 라 년 비엔 꽁 띠 주 릭 사이 곤.
Không. Tôi là nhân viên công ty du lịch Sài Gòn.
아니오, 사이공여행사의 사원입니다.

- 어떤 일을 하시나요? **Anh/Chị làm nghề gì?** 아잉/찌 람 응으에 지?
- 어디에 사시나요? **Anh/Chị sống ở đâu?** 아잉/찌 쏭 어 더우?
- 서울에 삽니다. **Tôi sống ở Seoul.** 또이 쏭 어 서울.
- 당신의 가족은 몇 명이에요?
  Gia đình anh/chị có mấy người? 자 딩 아잉/찌 꼬 머이 응으어이?
- 우리 가족은 다섯 명입니다.
  Gia đình tôi có 5 người. 자 딩 또이 꼬 남 응으어이.
- 결혼하셨나요? **Anh/Chị đã kết hôn chưa?** 아잉/찌 다 껫 혼 쯔어?
- 결혼했습니다. **Tôi đã kết hôn rồi.** 또이 다 껫 혼 조이.
- 결혼하지 않았습니다. **Tôi chưa kết hôn.** 또이 쯔어 껫 혼.

어느 나라 사람입니까? / 호칭 + là người nước nào? 라 응으어이 느억 나오?		
예	당신은 어느 나라 사람입니까?	**Anh là người nước nào?** 아잉 라 응으어이 느억 나오?
	그분은 어느 나라 사람입니까?	**Ông ấy là người nước nào?** 옹 어이 라 응으어이 느억 나오?

무슨 일을 합니까? / 호칭 + làm nghề gì?~ 람 응으에 지?		
예	무슨 일을 하십니까?	**Anh/Chị làm nghề gì?** 아잉/찌 람 응으에 지?
	저는 자원봉사자입니다.	**Tôi là tình nguyện viên.** 또이 라 띵 웬 비엔.

저는 ~에서 일합니다. / Tôi làm việc ở~. 또이 람 비엑 어~.		
예	저는 NGO에서 일합니다.	**Tôi làm việc ở NGO.** 또이 람 비엑 어 NGO.
	저는 병원에서 일합니다.	**Tôi làm việc ở bệnh viện.** 또이 람 비엑 어 베잉 비엔.

이름	tên	뗀	농부	nông dân	느옹 전
직업	nghề (nghiệp)	응에(응이엡)	정치가	chính trị gia	찡 찌 자
나라	nước	느억	교사	giáo viên	자오 비엔
여행	du lịch	주 릭	의사	bác sĩ	박 씨
사람	người	응어어이	간호사	y tá	이 따
학생	học sinh	혹 씽	공부하다	học	혹
대학생	sinh viên	씽 비엔	일하다	làm việc	람 비엑
사업가, 상인	doanh nhân	좌잉 년	미국	Mỹ	미
회사원	nhân viên	년 비엔	영국	Anh	아잉
자원봉사자	tình nguyện viên	띵 웬 비엔	태국	Thái Lan	타이 란
사장	giám đốc	잠 독	중국	Trung Quốc	쭝 꾸옥
주인	chủ	쭈	일본	Nhật Bản	녓 반
주부	nội trợ	노이 쩌	프랑스	Pháp	팝

➡ ~입니다: 주어 + 'là 라~' + 명사

주어와 서술어를 연결해주는 허사로 명사 앞에 붙이며 '~이다'로 해석할 수 있다.

- 긍정문(~입니다): 주어 + là 라 + 명사
- 부정문(~이 아니다): 주어 + không phải là 콩 파이 라 + 명사
- 의문문(~입니까?): 주어 + có phải là 꼬 파이 라 + 명사 + không 콩?

예 – 한국 사람입니까? Anh có phải là người Hàn Quốc không?
　　　아잉 꼬 파이 라 응어어이 한 꾸옥 콩?
　　– 네. 저는 한국 사람입니다. Vâng. Tôi là người Hàn Quốc.
　　　브엉. 또이 라 응어어이 한 꾸옥.
　　– 그녀는 교사입니다. Cô ấy là giáo viên. 꼬 어이 라 자오 비엔.
　　– 그는 의사가 아닙니다. Ông ấy không phải là bác sĩ. 옹 어이 콩 파이 라 박 씨.

55

➡️ ~이지요. 맞지요? / ~phải không? ~파이 콩?

어떤 사실을 추측해서 그 사실을 표현하는 문장의 끝에 〈phải không? ~파이 콩〉을 붙이면 사실을 확인하는 의문문이 된다.

예 – 한국 사람이지요. 맞지요? Anh là người Hàn Quốc phải không?
아잉 라 응으어이 한 꾸옥 파이 콩?
– 아니오. 한국 사람이 아닙니다. 일본 사람입니다.
Không. Tôi không phải là người Hàn Quốc. Tôi là người Nhật Bản.
콩. 또이 콩 파이 라 응으어이 한 꾸옥. 또이 라 응으어이 녓 반.
– 김유진 씨지요, 맞지요? Chị là Kim Yoo Jin phải không? 찌 라 김유진 파이 콩?

연습하기

 1 괄호 안에 알맞은 단어를 보기에서 찾아 쓰자.

〈보기〉 không phải là, làm, Hàn Quốc, là

A. 무슨 일을 하십니까?
Anh/Chị (   ) nghề gì?

B. 당신은 어느 나라 사람입니까?
Chị (   ) người nước nào?

C. 저는 한국 사람입니다.
Tôi là người (   ).

D. 그는 의사가 아닙니다.
Tôi (   ) bác sĩ.

커피로 여는 아침

베트남은 쌀국수(Phở 퍼)분만 아니라 커피(cà phê 까 페)도 전 세계적으로 유명하다. 베트남 어느 곳에서나 커피숍을 쉽게 볼 수 있고 친숙하게 이용할 수 있다. 베트남인들은 주로 필터에 커피를 넣고 한 방울씩 내려서 여유롭게 마시는 특성이 있다. 이런 풍속은 프랑스 식민지 때부터 내려온 것으로 요즘에는 베트남에도 외국 문화 바람이 불어 젊은 사람들은 에스프레소를 즐기는 경우도 종종 있지만, 전통적인 방식으로 만드는 드립커피를 마시는 사람들이 여전히 많다.

또 베트남인들은 연유를 사용해서 진하고 달콤한 맛이 나는 커피를 주로 마신다. '따뜻한 연유커피(cà phê sữa nóng 까 페 쓰어 농)', '아이스 연유커피(cà phê sữa đá 까 페 쓰어 다)', '블랙커피(cà phê đen 까 페 덴)' 등과 같은 커피가 베트남인들이 자주 마시는 메뉴이다.

특히 호찌민 시에 가면 길가의 작은 의자에 앉아서 아이스 블랙커피를 마시는 사람들을 쉽게 볼 수 있다. 이는 베트남 대중문화의 하나로 호찌민 시민들 사이에서는 친구를 만날 때면 여유롭게 시원한 커피를 마시는 것이 일상적인 모습으로 자리 잡았다.

03 | 제3과

건 더이 꼬 씨에우 티 한 꾸옥 콩?
Gần đây có siêu thị Hàn Quốc không?
이 근처에 한국 마트가 있나요?

대화

Yoojin
유진:

아잉 쭝 쏭 어 더우?
Anh Trung sống ở đâu?
쭝 씨는 어디에 살아요?

Trung
쭝:

또이 쏭 어 드엉 호 반 후에, 꿘 푸 누언, 꼰 찌? 찌 쏭 어 더우?
Tôi sống ở đường Hồ Văn Huê, quận Phú Nhuận. Còn chị? Chị sống ở đâu?
저는 푸누언구 호반후에 길에서 살아요. 유진 씨는요? 어디에 살아요?

Yoojin
유진:

또이 쏭 어 쭝 끄 선비우, 꿘 투 득.
Tôi sống ở chung cư Sunview, quận Thủ Đức.
저는 투득구 썬뷰 아파트에 살아요.

Trung
쭝:

어 도 꼬 씨에우 티 한 꾸옥 콩?
Ở đó có siêu thị Hàn Quốc không?
거기에 한국 마트가 있나요?

Yoojin
유진:

니에우 람 아잉 아.
Nhiều lắm anh ạ.
아주 많아요.

Trung
쭝:

버이 티 똣 꽈.
Vậy thì tốt quá!
그럼 잘됐네요!

☰ Tips!

베트남어에는 존댓말이 있다. 존댓말은 말하는
문장에 반드시 주어를 넣거나 문장 끝에 'ạ'라는
표현을 붙여서 완성한다.

	아주, 매우: rất/lắm/quá	
	더워요.	Nóng quá. 농 꽈.
예	베트남어가 매우 어려워요.	Tiếng Việt khó lắm. 띠엥 비엣 코 람.
	베트남 커피가 아주 맛있어요.	Cà phê Việt Nam rất ngon. 까 페 비엣 남 젓 응온.

	~이/가 있어요?: có~ không?	
예	여기에 김치가 있어요?	Ở đây có kim chi không? 어 더이 꼬 김치 콩?
	여기에 베트남어 책이 있나요?	Ở đây có sách tiếng Việt không? 어 더이 꼬 싸익 띠엥 비엣 콩?

단어

집	nhà	냐	마트	siêu thị	씨에우 티
근처에	gần	건	식당	quán ăn	꽌 안
우체국	bưu điện	브우 디엔	이 근처에	gần đây	건 더이
층	tầng	떵	이것	cái này	까이 나이
계단	cầu thang	꺼우 탕	저것	cái kia	까이 끼어
건물	toà nhà	또아 냐	여기	ở đây	어 더이
주방	nhà bếp	냐 벱	저기	ở kia	어 끼어
방	phòng	퐁	거기	ở đó	어 도
시장	chợ	쩌	팔다	bán	반
학교	trường	쯔엉	사다	mua	무어
가게	cửa hàng	끄어 항	살다	sống	쏭
커피숍	quán cà phê	꽌 까 페	화장실	nhà vệ sinh	냐 베 씽

의문사

➡ 전치사 'ở~ 어'

베트남어의 전치사 'ở어'는 두 가지 의미가 있다. 하나는 'ở어'를 장소나 위치 앞에 붙여서 행동, 행위가 진행하는 장소 및 위치를 표현하며, 다른 하나는 '존재하다, 있다'는 의미를 지닌 동사로 사용한다. 위치를 물어볼 때에는 'ở đâu'를 사용한다.

1. '존재하다'는 의미로 사용할 때

예   – 공항이 어디예요? Sân bay ở đâu ạ? 썬 바이 어 더우 아?
       – 할아버지는 어디 계세요? Ông ở đâu ạ? 옹 어 더우 아?
       – 할아버지는 집에 계세요. Ông ở nhà. 옹 어 냐.

2. 행동의 위치를 표현하는 의미로 사용할 때

예   – 어디에 살아요? Chị sống ở đâu? 찌 송 어 더우?
       – 하노이에 살아요. Tôi sống ở Hà Nội. 또이 송 어 하 노이.
       – 어디에서 일해요? Anh làm việc ở đâu? 아잉 람 비엑 어 더우?
       – 은행에서 일해요. Tôi làm việc ở ngân hàng. 또이 람 비엑 어 응언 항.

➡ 소유격 'của~ 꾸오': ~의

베트남어의 소유격을 나타내는 'của~ 꾸오~'의 용법은 간단하지만 한국어와는 어순이 다르다. 소유하는 대상이 'của~'의 뒤에 있고 소유되는 대상은 'của~'의 앞에 놓인다.

예   – 내 엄마 Mẹ của tôi 매 꾸오 또이
       – 그의 사랑 Tình yêu của anh ấy 띵 이에우 꾸오 아잉 어이
       – 유진 씨의 베트남어 책 Sách tiếng Việt của chị Yoo Jin 싸익 띠엥 비엣 꾸오 찌 유진

➡️ 의문사만 알아도 질문할 수 있으며, 상대방과 대화를 이어갈 수 있다. 상황에 적절한 의문사로 베트남어 실력을 뽐내보자!

한글	베트남어	활용
누구	ai 아이	누구를 만나요? **Anh/chị gặp ai?** 아잉/찌 갑 아이?
누가	ai 아이	누가 했어요? **Ai đã làm?** 아이 다 람?
어느	nào 나오	어느 나라에서 오셨어요? **Anh/chị đến từ nước nào?** 아잉/찌 덴 뜨 느억 나오?
언제	khi nào 키 나오	언제 오세요? **Khi nào anh đến?** 키 나오 아잉 덴?
무엇을	gì 지	무엇을 하세요? **Anh/chị làm gì?** 아잉/찌 람 지?
어떻게(방법)	làm sao 람 싸오	어떻게 아셨어요? **Làm sao anh/chị biết?** 람 싸오 아잉/찌 비엣?
어떻게(상태)	thế nào 테 나오	이 옷 어때요? **Cái áo này thế nào?** 까이 아오 나이 테 나오?
왜	vì sao 비 싸오	왜 베트남어를 공부합니까? **Vì sao chị học tiếng Việt?** 비 싸오 찌 혹 띠엥 비엣?

연습하기

 주어진 문장을 베트남어로 완성하자.

A. 누구세요? _____

B. 김유진입니다. _____

C. 어디에서 일하세요? _____

D. 여행사에서 일해요. _____

E. 화장실이 어디예요? _____

F. 무엇을 하세요? _____

베트남에 있는 한국 마트

예전부터 한국과 베트남은 서로 관계를 맺어왔으나, 1992년부터 공식적으로 우호관계를 맺기 시작한 이후 경제, 문화, 교육 등 여러 분야에서 활발하게 교류하고 있다. 특히 많은 베트남인이 한국으로 들어오고 있으며, 한국인 또한 투자를 목적으로 베트남에 많이 진출하고 있다. 현재 한국에 거주하는 베트남인은 182,439명으로 외국인 중 3위를 차지하고 있다.(2018년 5월 출입국 관리 사무소 통계자료 기준) 한편 2016년에 조사한 통계에 따르면 베트남에 거주하는 한국인들도 약 100,000명이나 되는 것으로 나타났다.

베트남에 머무는 한국인의 생활에 편리를 제공하기 위해 한국인이 베트남에 진출하기 시작한 초창기부터 마트 등 많은 한국 기업이 베트남에 들어갔다. 처음에는 베트남에 거주하는 한국인들에게 음식물이나 생활 필수품을 제공하는 편의점 형태의 작은 마트가 생겨나기 시작했다. 그러다 2006년부터는 대형 마트인 롯데마트를 선두로 이마트까지 진출해 2015년에는 호찌민 시에 베트남 이마트 1호점이 개점했다. 지금은 한국인들뿐만 아니라 한국의 마트 문화를 선호하는 베트남인들도 잘 이용하고 있다. 베트남에서 현지의 음식 문화에 적응하지 못하는 사람들도 한국 마트를 이용하면 편안하게 지낼 수 있다.

04 제4과 깜 언 아잉
Cám ơn anh
감사합니다

대화

지도를 보던 유진, 충의 발을 밟고…

Trung
쭝:
아! 다우 꽈!
Á! Đau quá!
아야! 아파라!

Yoojin
유진:
씬 로이 아잉. 아잉 꼬 싸오 콩?
Xin lỗi anh. Anh có sao không?
죄송합니다. 괜찮으세요?

Trung
쭝:
또이 콩 싸오.
Tôi không sao.
괜찮습니다.

Yoojin
유진:
또이 비 락 드엉. 씬 로이, 아잉 쪼 또이 호이 드엉.
Tôi bị lạc đường. Xin lỗi, anh cho tôi hỏi đường.
길을 잃어버렸는데요. 실례지만, 길 좀 물을게요.

Trung
쭝:
버응. 찌 당 디 더우?
Vâng. Chị đang đi đâu?
네, 어디로 가시던 중이었지요?

Yoojin
유진:
또이 당 띰 브우 디엔 타잉 포. 뜨 더이 덴 브우 디엔 꼬 싸 콩?
Tôi đang tìm bưu điện thành phố. Từ đây đến bưu điện có xa không?
중앙우체에 가던 길이에요. 여기부터 우체국까지 멀어요?

Trung
쭝:
아, 까익 더이 콩 싸. 또이 쎄 찌 드엉 쪼 찌.
À, cách đây không xa. Tôi sẽ chỉ đường cho chị.
여기서 멀지 않아요. 길을 가르쳐드릴게요.

Yoojin
유진:
깜 언 아잉.
Cám ơn anh.
감사합니다.

- 어디 가십니까? **Anh/Chị đi đâu?** 아잉/찌 디 더우?

	~떨어져 있다: cách~ 까익~	
예	우리 집은 여기서 2킬로미터 떨어져 있어요.	**Nhà tôi cách đây 2km.** 냐 또이 까익 더이 하이 낄로멧.
	다랏은 호찌민 시에서 300킬로미터 떨어져 있다.	**Đà Lạt cách Thành Phố Hồ Chí Minh 300km.** 다 랏 까익 타잉 포 호 찌 민 바 참 낄로멧.

단어

행복하다	hạnh phúc	하잉 푹	걱정되다	lo lắng	로 랑
즐겁다	vui vẻ	부이 배	슬프다	buồn	부온
화나다	tức giận	뜩 전	심심하다, 지루하다	chán	짠
긴장되다	căng thẳng	깡 탕	재미있다	thú vị	투 비
놀라다	ngạc nhiên	응악 니엔	어지럽다	chóng mặt	쫑 맛
부끄럽다	xấu hổ	써우 호	우울하다	u uất	우 우엇
피곤하다	mệt	멧	좋아하다	thích	티익
무섭다	sợ	써	싫어하다	ghét	갯
잠이 오다	buồn ngủ	부온 응우	쉽다	dễ	제
실망하다	thất vọng	텃브엉	어렵다	khó	코

문법과 활용

➡ YES or NO

의사표현은 대화를 이어나갈 때 타인과 관계를 맺는 중요한 연결 고리이다. 호불호를 나타내는 표현을 익혀두면 베트남인과 대화를 나눌 때 오해의 소지를 줄이고, 단순명료한 표현으로 의사소통을 할 수 있다.

1. ~ có 꼬… không 콩?

행동, 사태의 존재 여부를 물어볼 때 사용한다. 'có 꼬'는 동사나 형용사 앞에 붙이며,
'không 콩'은 항상 문장의 의문문 끝에 붙인다.

　질문　 주어 + có 꼬 + 동사 + (목적어) + không?
　대답　 긍정: có. 꼬. 네.
　　　　 부정: không. 콩. 아니오.

예　– 베트남어는 어렵습니까? Tiếng Việt có khó không? 띠엥 비엣 꼬 코 콩?
　　 – 베트남은 아름답습니까? Việt Nam có đẹp không? 비엣 남 꼬 뎁 콩?

2. 조동사인 'đã 다'(과거), 'đang 당'(현재), 'sẽ 쌔'(미래)는 동사 앞에 붙여서 시제를 나타낸다.

　– ~ 했다: đã 다~
　– ~ 하는 중이다, ~고 있다: đang 당~
　– ~ 일 것이다: sẽ 쌔~

예　– 베트남에 여행을 갔다. Tôi đã đi du lịch Việt Nam. 또이 다 디 주 릭 비엣 남.
　　 – 우리가 베트남어를 공부하고 있어요. Chúng tôi đang học tiếng Việt.
　　　　　　　　　　　　　　　　　　쭘 또이 당 허옥 띠엥 비엣.
　　 – 올해, 하노이에 갈 거예요. Năm nay, tôi sẽ đi Hà nội. 남 나이 또이 쌔 디 하 노이.

※ 베트남어 시간 부사:
　– 과거: hôm qua(어제), tuần trước(지난주), tháng trước(지난달), năm trước(작년)
　– 현재: bây giờ(지금), hôm nay(오늘), tuần này(이번 주), tháng này(이번 달), năm nay(올해)
　– 미래: ngày mai(내일), tuần sau(다음 주), tháng sau(다음 달), năm sau(내년)

연습하기

 그림을 보고 베트남어로 써보자.

부끄러워요.	행복해요.	졸려요.
예뻐요.	아파요.	슬퍼요.

베트남의 행정구역

베트남은 지리적으로 북부(Bắc Bộ 박 보), 중부(Trung Bộ 쭝 보), 남부(Nam Bộ 남 보) 지방으로 나뉜다. 2013년도 베트남 헌법에 따른 행정구역을 큰 단위부터 작은 단위로 보면 성(Tỉnh 띵, 省), 중앙직할시(Thành phố trực thuộc Trung ương 타잉 포), 현(Huyện 후이엔, 縣)/구(Quận 꾸언, 郡)/시사(Thị xã 티 싸, 市社), 시진(Thị trấn 티천, 市鎭)/사(Xã 싸, 社)/방(Phường 프엉, 坊)으로 구성되어 있다. 가장 작은 구역 단위인 사(Xã 싸, 社)/방(Phường 프엉,,坊)은 한국의 행정구역인 리(里)와 비슷하다. 현재 베트남에는 전국에 58개의 성(省)과 5개의 중앙직할시가 있다.

5개의 중앙직할시: 하노이(Hà Nội), 하이퐁(Hải Phòng), 다낭(Đà Nẵng), 호찌민(Thành phố Hồ Chí Minh), 껀터(Cần Thơ).

중앙직할시의 아래는 구(Quận 꾸언/District 郡)이며, 그 아래는 방(Phường 프엉/ward, 坊)으로 나뉜다. 성의 아래는 성도(Thành phố 타잉 포/city), 현(Huyện 후이엔/District, 縣)이나 시사(Thị xã/town 티싸, 市社)이고, 성도, 현의 아래는 사(Xã/Rural commune 싸, 社)이다.

구체적인 행정구역의 구조는 다음 도표와 같다.

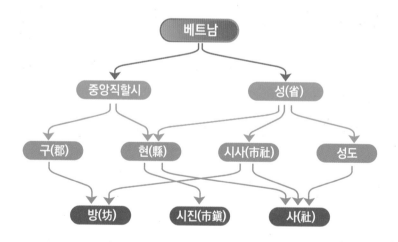

대화

택시 안에서 **Trong tắc-xi** 쫑 딱 씨

Yoojin
유진:
박 따이 어이, 버이 저 라 머이 저?
Bác tài ơi, bây giờ là mấy giờ?
기사님, 지금 몇 시예요?

Tài xế
운전기사:
므어이 저 바 므어이 풋. 꼬 디 더우?
10 giờ 30 phút. Cô đi đâu?
10시 30분입니다. 어디 가세요?

Yoojin
유진:
짜우 꼬 쭈옌 바이 디 하 노이 룩 므어이 하이 저 즈어이. 씬 박 디 냐잉 쪼.
Cháu có chuyến bay đi Hà Nội lúc 12 giờ rưỡi.
Xin bác đi nhanh cho.
하노이행 12시 비행기가 있어요. 서둘러주세요.

Tài xế
운전기사:
브엉. 또이 비엣 조이. 꼬 이엔 떰.
Vâng. Tôi biết rồi. Cô yên tâm.
네. 알겠습니다. 안심하세요.

Yoojin
유진:
뜨 더이 덴 썬 바이 꼬 싸 콩 아?
Từ đây đến sân bay có xa không ạ?
여기부터 공항까지 멀어요?

Tài xế
운전기사:
콩 싸 람. 쾅 므어이 끼로멧.
Không xa lắm. Khoảng 10 ki lô mét.
많이 멀지 않아요. 약 10킬로미터 떨어져 있어요.

- 늦었어요. **Trễ rồi.** 쩨 조이.
- 빨리 오세요. **Đến nhanh lên.** 덴 나잉 렌.
- 몇 시에 만날까요? **Gặp nhau lúc mấy giờ?** 갑 냐우 룩 머이 저?
- 30분 후에 만나요. **Gặp nhau sau 30 phút nữa.** 갑 냐우 싸우 바 므어이 풋 느어.
- 1시간 정도 늦을 것 같아요. **Có lẽ tôi sẽ trễ 1 tiếng.** 꼬 래 또이 쌔 쩨 못 띠엥.
- 몇 시까지 오실 수 있어요? **Anh/chị có thể đến lúc mấy giờ?**
  아잉/찌 꼬 테 덴 룩 머이 저?
- 보통 몇 시에 일어나세요? **Anh/chị thường thức dậy lúc mấy giờ?**
  아잉/찌 트엉 특 저이 룩 머이 저?
- 7시 45분쯤 갈게요. **Khoảng 7 giờ 45 phút tôi sẽ đi.**
  쾅 바이 저 본 람 풋 또이 쎄디.
- 시간이 없어요. **Tôi không có thời gian.** 또이 콩 꼬 터이 잔.
- 여기서 공항까지 얼마나 걸리죠? **Từ đây đến sân bay hết bao lâu?**
  뜨 더이 덴 썬 바이 헷 바오 러우?
- 언제 끝낼 수 있나요? **Khi nào kết thúc ạ?** 키 나오 껟 툭 아?

~에: 'lúc~ 룩', 'vào~ 바우'		
예	보통 몇 시에 일어나세요?	**Anh thường thức dậy lúc mấy giờ?** 아잉 트엉 특 저이 룩 머이 저?
	아침 6시에 일어나요.	**Tôi thức dậy lúc 6 giờ sáng.** 또이 특 저이 룩 싸우 저 쌍.
	올해 여름에 베트남에 갈 거예요.	**Tôi sẽ đi Việt Nam vào mùa hè năm nay.** 또이 쎄 디 비엣 남 바오 무오 해 남 나이.

■ **요일, 날짜, 달에 대한 질문**
~무슨 요일?: '~là ngày mấy? ~라 응아이 머이?'
며칠?: '~là thứ mấy? ~라 트 머이?'
~몇 월? 'là tháng mấy? ~라 탕 머이?'

예	오늘이 무슨 요일이에요?	**Hôm nay là thứ mấy?** 홈 나이 라 트 머이?
	오늘은 목요일이에요.	**Hôm nay là thứ năm.** 홈 나이 라 트 남.

예	어제가 며칠이에요?	**Hôm qua là ngày mấy?** 홈 꽈 라 응아이 머이?
	어제는 19일이에요.	**Hôm qua là ngày 19.** 홈 꽈 라 응아이 므어이 찐.
	오늘이 몇 월 며칠이에요?	**Hôm nay là ngày mấy tháng mấy?** 홈 나이 라 응아이 머이 탕 머이?
	오늘은 4월 20일이에요.	**Hôm nay là ngày 20 tháng 4.** 홈 나이 라 응아이 하이 므어이 탕 뜨.

~에서 ~까지: 'từ~ 뜨~', 'đến~ 덴~'

예	하노이에서 호찌민까지 얼마나 멀어요?	**Từ Hà Nội đến Thành phố Hồ Chí Minh khoảng bao xa?** 뜨 하 노이 덴 타잉 포 호 찌 민 쾅 바오 싸?
	하노이에서 호찌민까지는 약 1,000 킬로미터예요.	**Từ Hà Nội đến Thành phố Hồ Chí Minh khoảng 1000km.** 뜨 하 노이 덴 타잉 포 호 찌 민 쾅 못 응으인 끼로멧.
	매일 아침 8시부터 오후 6시까지 일해요.	**Mỗi ngày tôi làm việc từ 8 giờ sáng đến 6 giờ chiều.** 모이 응으아이 또이 람 비엑 뜨 땀 저 쌍 덴 싸우 저 찌에우.

단어

시계	đồng hồ	동 호	예전에	trước đây	쯔억 더이
시간	thời gian	터이 잔	쯤/경	khoảng	쾅
아침	buổi sáng	부오이 쌍	오후	buổi chiều	부오이 찌에우
점심	buổi trưa	부오이 쯔어	저녁	buổi tối	부오이 또이
시	giờ	저	어제	hôm qua	홈 꽈
분	phút	풋	오늘	hôm nay	홈 나이
초	giây	저이	내일	ngày mai	응으아이 마이
아침	sáng	쌍	모레	ngày mốt	응으아이 못
점심	trưa	쯔어	보통, 대개	thường	트엉
저녁	chiều/tối	찌에우/또이	지금	bây giờ	버이 저

밤	đêm	뎀	다음에	sau đó	사우 도
조금	một chút	못 쭛	~반	rưỡi	즈어이
빨리	nhanh lên	냐잉 렌	얼마나 멀어요?	bao xa?	바오 싸
천천히	từ từ	뜨 뜨			

문법과 활용

▶ 몇, 얼마: 'mấy~ 머이~', 'bao nhiêu~ 바오 니에우~'

수량을 묻기 위해 사용하는 의문사 'mấy'는 작은 수량 또는 10 이하의 수량을 물어볼 때 주로 사용하고, 'bao nhiêu'는 많은 수량 또는 10 이상의 수량을 물어볼 때 사용한다.

> **예** – 지금이 몇 시예요? Bây giờ là mấy giờ? 버이 저 라 머이 저?
> – 책이 몇 권 있어요? Chị có mấy quyển sách? 찌 꼬 머이 꾸엔 싸익?
> – 이거 얼마예요? Cái này bao nhiêu tiền? 까이 나이 바오 니에우 띠엔?
> – 네 동생이 몇 살이니? Em trai cậu bao nhiêu tuổi? 앰 짜이 꺼우 바오 니에우 뚜오이?

▶ 행동의 목적지, 방향을 문의할 때: '~đi đâu? 디 더우?'

'가다'를 뜻하는 동사인 'đi'는 여러 전치사와 일반동사와 결합해서 의미를 확장한다.

> **예** Đi ra(나가다), Đi vào(들어가다), Đi lên(올라가다), Đi xuống(내려가다)

> – 어디 가세요? Em đi đâu? 앰 디 더우?
> – 방으로 들어가요. Em đi vào phòng. 앰 디 바오 퐁.
> – 그는 어디에 가요? Anh ấy đi đâu? 아잉 어이 디 더우?
> – 그는 역으로 가요. Anh ấy đi ra ga. 아잉 어이 디 자 가.

연습하기

 그림을 보고 보기와 같이 베트남어로 써보자.

〈보기〉

A. Bây giờ là mấy giờ?
_____

B. Bây giờ là 12 giờ 45 phút.
_____

1.

A. _____

B. _____

2.

A. _____

B. _____

3.

A. _____

B. _____

베트남 사람의 근무시간 & 공휴일

베트남은 한국보다 두 시간이 늦다. 베트남은 1년 내내 해가 일찍 뜨고 일찍 지므로 베트남 사람들은 한국보다 더 이른 시간에 근무를 시작한다. 공기관과 사기관에 따라 조금씩 다르지만 학교를 포함한 대부분의 기관에서는 아침 7시 30부터 근무를 시작해 오후 5시에 퇴근한다. 베트남에서는 공공기관이나 은행계 회사의 경우 11시 반부터 1시 사이가 점심시간이고 일반 회사들은 대부분 12시부터 1시까지가 점심시간이다.

베트남에는 야근 문화가 없다. 베트남 문화에 익숙하지 않은 한국인들은 베트남 직원들이 퇴근시간을 정확히 지키는 것을 보고 놀랄 수 있다. 베트남 사람들은 가정을 중시하므로 낮에는 회사에서 일하고 저녁에는 집에서 가족들과 함께 식사하는 관습이 있다. 한편 부부가 맞벌이를 하는 경우에는 여성이 퇴근 후 바로 집에 가서 저녁식사를 준비한다.

베트남은 법적으로는 토요일 근무가 없지만 실제로 토요일에도 오전에 근무하는 기업이 많다. 특히 은행 등 금융기관의 경우 한국의 은행과 달리 토요일에 문을 여는 은행이 많다.

베트남의 공휴일

- 신정 1월 1일: 1일 휴일
- 구정(음력 1월 1일): 최소 4일 연휴
- 선조웅왕 제사일(음력 3월 10일): 1일 휴일
- 해방일 & 국제노동일(양력 4월 30일 / 5월 1일)
- 광복절(양력 9월2일): 1일 휴일
  ※ 공휴일이 주말과 겹치면 대신 다른 평일 중 하루를 공휴일로 지정한다.

▲ 베트남의 구정 풍경

대화

Yoojin
유진:

꽈 나이 라 꽈 지 아?
Quả này là quả gì ạ?
이 과일의 이름이 뭐예요?

응으어이반
Người bán
상인:

꽈 도 라 꽈 망 꿋.
Quả đó là quả măng cụt.
그것은 망고스틴이에요.

Yoojin
유진:

바오 니에우 띠엔 못 껀 아?
Bao nhiêu tiền một cân ạ?
1킬로에 얼마예요?

Người bán
상인:

남 므어이 응인 동 못 껀.
50 nghìn đồng 1 cân.
1킬로에 5만 동이에요.

Yoojin
유진:

쭈오이 바오 니에우 아?
Chuối bao nhiêu ạ?
바나나는 얼마인가요?

Người bán
상인:

쭈오이 하이 므어이 응인 못 껀.
Chuối 20 nghìn 1 cân.
1킬로에 2만 동이에요.

Yoojin
유진:

쪼 짜우 못 껀 망 꿋 바 못 껀 쭈오이. 더이 라 못 짬 응인 동 아.
Cho cháu 1 cân măng cụt và 1 cân chuối. Đây là 100 nghìn đồng ạ.
바나나 1킬로, 망고스틴 1킬로 주세요. 여기 10만 동입니다.

Người bán
상인:

그이 라이 짜우 바 므어이 응인. 깜 언 짜우.
Gửi lại cháu 30 nghìn. Cám ơn cháu.
네, 3만 동 돌려드릴게요. 감사해요.

- 얼마예요? **bao nhiêu ạ?** 바오 니에우 아?
- 10만 동입니다. **100 nghìn đồng.** 못 짬 응인 동.
- 잔돈 있나요? **Anh/Chị có tiền lẻ không?** 아잉/찌 꼬 띠엔 래 콩?
- 좀 깎아주세요. **Xin anh/chị giảm giá cho.** 씬 아잉/찌 잠 자 쪼.
- 카드로 결제해도 되나요? **Thanh toán bằng thẻ được không ạ?**
  타잉 또안 방 태 드억 콩 아?
- 은행이 어디에 있나요? **Ngân hàng ở đâu ạ?** 응언 항 어 더우 아?
- ATM 기기를 사용하고 싶어요. **Tôi muốn sử dụng máy ATM.**
  또이 무온 쓰중 마이 ATM.
- 환전소는 어디에 있나요? **Quầy đổi tiền ở đâu ạ?** 꿔이 도이 띠엔 어 더우 아?
- 지금 환율이 어떻게 되죠? **Tỉ giá bây giờ là bao nhiêu?**
  띠 자 버이 저 라 바오 니에우?
- 환전을 하고 싶습니다. **Tôi muốn đổi tiền.** 또이 무온 도이 띠엔.

단어

바나나	chuối	쭈오이	~라고 부르다	gọi là	고이 라~
사과	táo	따오	돈	tiền	띠엔
배	lê	레	환전	đổi tiền	도이 띠엔
수박	dưa hấu	즈어 허우	환율	tỉ giá	띠 자
파인애플	dứa/ thơm	즈어/텀	사용하다	sử dụng	쓰중
파파야	đu đủ	두두	킬로그램	cân/kí	껀/끼
망고	xoài	쏴이	과일	hoa quả/ trái cây	화 꽈/ 짜이 꺼이
잭프루트	mít	밋	미터	mét	멧
감	hồng	홍	바꾸다	đổi	도이
귤	quýt	꿧	환불	hoàn tiền	환 띠엔
망고스틴	măng cụt	망꿋	교환	đổi hàng	도이 항
오렌지	cam	깜	깎아주다/할인	giảm giá	잠 자
리치	vải	바이	할인	khuyến mại	쿠이엔 마이

74

➡ 베트남어 종별사

베트남어로 수량을 표시할 때 일반적으로 사람은 'người 응으어이', 동물은 'con 꼰', 사물은 'cái 까이'를 사용하며, 그 외에도 다양한 종별사를 사용하고 있다.

마리	**con** 꼰	생물명사, 움직일 수 있는 것을 셀 때	물고기 두 마리를 샀어요. **Tôi mua 2 con cá.** 또이 무오 하이 꼰 까.
개	**cái,chiếc** 까이/찌에윽	무생물명사, 움직일 수 없는 것을 셀 때	방 안에는 책상 하나, 의자가 세 개 있어요. **Trong nhà có 1 cái tủ sách, 2 cái ghế.** 쫑 냐 꼬 못 까이 뚜 싸익, 하이 까이 게.
권	**quyển** 꾸옌	책, 노트를 셀 때	책이 두 권 있어요. **Tôi có 2 quyển sách.** 또이 꼬 하이 꾸옌 싸익.
명, 사람	**người** 응으어이	사람을 셀 때	친구 두 명이 있어요. **Tôi có hai người bạn.** 또이 꼬 하이 응으어이 반.
묶음/ 다발	**bó** 보	꽃다발	투이 선생님이 꽃다발 두 개를 갖고 있어요. **Cô Thuỷ có 2 bó hoa.** 꼬 투이 꼬 하이 보 화.
캔	**lon** 론	음료수의 캔을 셀 때	충 씨는 맥주 열 캔을 마실 수 있어요. **Anh Trung có thể uống 10 lon bia.** 아잉 쯍 꼬 테 우옹 므어이 론 비어.
병	**chai** 짜이	물병 같은 액체를 담는 것을 셀 때	응옥 선생님이 우유 세 병을 샀어요. **Cô Ngọc mua 3 chai sữa.** 꼬 응옥 무오 바 짜이 쓰어.
잔	**ly** 리	물 한 컵	아이스 블랙커피 두 잔 주세요. **Cho tôi 2 ly cà phê đá.** 쪼 또이 하이 리 까 페 다.
개 (과일)	**quả/trái** 꽈/짜이	과일을 셀 때	사과 다섯 개를 샀어요. **Tôi mua 5 quả táo.** 또이 무오 남 꽈 따오.

페이지	trang/tờ 짱/떠	종이, 신문, 잡지 등을 셀 때	이 책은 200페이지예요. **Quyển sách này có 200 trang.** 꾸엔 싸익 나이 꼬 하이 짬 짱. 책상 위에 신문이 세 장 있어요. **Trên bàn có 3 tờ báo.** 쩬 반 꼬 바 떠 바오.
채 (집)	ngôi/căn 응오이/깐	집, 아파트를 셀 때	미잉 씨는 하노이에 집이 두 채 있어요. **Anh Minh có 2 căn nhà ở Hà Nội.** 아잉 미잉 꼬 하이 깐 냐 어 하 노이. 란 씨는 사이공강에서 가까운 곳에 아파트가 두 채 있어요. **Lan có 2 căn chung cư gần sông Sài Gòn.** 란 꼬 하이 깐 쭝 끄 건 쏭 사이 곤.
그릇	bát/tô 밧/또	음식을 담는 그릇을 셀 때	쌀국수 한 그릇 주세요. **Cho tôi 1 tô phở.** 쪼 또 이 못 또 퍼.
켤레	đôi 도이	짝이 있는 물건을 셀 때	신발 두 켤레를 사고 싶어요. **Tôi muốn mua 2 đôi giày.** 또이 무온 무오 하이 도이 자이.

➡ 지시대명사

지시대명사 〈이것/이분/여기: 'đây 더이', 그것/그분/거기: 'đó 도', 저것/저분/저기: 'kia 끼어'〉는 사람과 사물을 대신하여 주어로 사용할 수 있다.

지시대명사	이것/그것/저것~ Đây/Đó/Kia là~ 더이/도/끼어 라~	관형사형	~이, 그~, 저~ ~này, ~đó/ấy, ~kia/đấy ~나이, ~도/어이, ~끼어
Đây 더이	이분은 쭝입니다. **Đây là anh Trung.** 더이 라 아잉 쭝. 이것은 오렌지예요. **Đây là quả cam.** 더이 라 꽈 깜. 여기는 내 집이에요. **Đây là nhà của tôi.** 더이 라 냐 꾸오 또이.	~ này 나이	이 망고는 너무 써요. **Quả xoài này chua quá.** 꽈 쏴이 나이 쭈오 꽈. 이 집은 아주 크다. **Ngôi nhà này to quá.** 응오이 냐 나이 또 꽈.

Đó 도	그분은 투이 선생님입니다. **Đó là cô Thuỷ.** 도 라 꼬 투이. 그것은 그림이에요. **Đó là bức tranh.** 도 라 북 짜잉.	~ **đó** 도 ~ **ấy** 어이	그녀는 아주 예뻐요. **Cô ấy rất đẹp.** 꼬 어이 젓 댑. 그 그림은 낡았어요. **Bức tranh đó cũ rồi.** 북 짜잉 도 꾸 조이.
Kia/Đấy 끼어/더이	저곳은 한국식당이에요. **Đấy là nhà hàng Hàn Quốc.** 더이 라 냐 항 한 꾸옥. 저곳은 비텍스코 빌딩이에요. **Kia là toà nhà Bitexco.** 끼어 라 똬 냐 비텍스코.	~ **kia/đấy** 끼어/더이	저 식당은 아주 맛있어요. **Nhà hàng đấy ngon lắm.** 냐 항 더이 응온 람. 저 빌딩은 매우 높아요. **Toà nhà đấy cao lắm.** 똬 냐 더이 까오 람.

 가격 묻기

베트남인들은 물건을 사면서 가격을 물을 때 "~bao nhiêu tiền? 바오 니에우 띠엔?" 또는 "~giá bao nhiêu? 자 바오 니에우?"라는 표현을 사용하는데 'Bao nhiêu'는 수량을 나타내는 '얼마'라는 뜻이고, 'giá'는 '가격', 'tiền'은 '돈'이라는 뜻이다.

예
- 이거 얼마예요? **Cái này bao nhiêu tiền?** 까이 나이 바오 니에우 띠엔?
- 이 망고는 1킬로에 얼마예요? **Xoài này 1 cân giá bao nhiêu?**
  쏴이 나이 못 껀 자 바우 니에우?
- 1킬로에 3만 동, 2킬로 사면 5만 동이에요.
  Một cân 30 nghìn, mua 2 cân 50 nghìn.
  못 껀 바 므어이 응인, 무오 하이 껀 남 므어이 응인.
- 이 모자는 얼마예요? **Cái nón này bao nhiêu tiền?** 까이 논 나이 바오 니에우 띠엔?

1. 베트남어 종별사를 활용해서 문장을 완성하자.

   A. Bà ấy mua 10 (   ) tôm.

   B. Tôi mua 2 (   ) quyển sách.

   C. Mẹ tôi mua 2 (   ) sữa.

   D. Chị Yoo Jin mua 1 (   ) cà phê.

   E. Anh Trung mua 3 (   ) bia.

2. 〈보기〉와 같이 주어진 단어를 사용해서 문장을 완성하자.

   ┌───┐
   │ 〈보기〉 Cam / 1 cân / 50 nghìn đồng   │
   │   Cam này 1 cân bao nhiêu tiền?   │
   │   Cam này 1 cân 50 nghìn.   │
   └───┘

   A. Quýt / 1cân / 40 nghìn đồng.

   _____

   _____

   B. Sầu riêng / 1 quả / 90 nghìn đồng.

   _____

   _____

   C. Xoài / 1cân / 70 nghìn đồng.

   _____

   _____

베트남의 화폐

베트남의 화폐단위는 VND(Đồng 동)으로 지폐와 동전을 동시에 사용한다. 베트남의 모든 화폐에는 베트남 통일운동 지도자인 호찌민의 이미지가 그려져 있다. 베트남의 가장 작은 화폐는 200동이며, 가장 큰 화폐는 500,000동이다. 한국 돈 1천 원은 베트남 돈 2만 동으로 바꿀 수 있고, 쌀국수나 밥 한 끼를 먹을 수 있다. 이런 기준으로 한국과 베트남의 물가를 비교하면 유용하다.

베트남 화폐 1동이 한화 0.05원 정도다. (2017년 4월 기준)

대화

Yoojin
유진:

아잉 쯍 나이, 또이 무온 무오 아오 자이.

Anh Trung này, tôi muốn mua áo dài.

쯍 씨, 저는 아오자이를 사고 싶어요.

Trung
쯍:

버이, 쭝따 바오 히에우 마이 아오 자이 디.
아오 자이 라 아오 마이 테오 쏘 도 바 힝 테 꾸오 응으어이 막.

Vậy chúng ta vào hiệu may áo dài đi. Áo dài là áo may theo số đo và hình thể của người mặc.

그럼, 아오자이 맞춤 가게로 갑시다.
아오자이는 입는 사람의 체형과 사이즈에 맞춰 만들어 입는 옷이에요.

Yoojin
유진:

텃 싸오?

Thật sao?

정말이요?

아오자이 맞춤 가게에서 Ở hiệu may áo dài 어 히에우 마이 아오 자이

Yoojin
유진:

어 더이 아오 자이 댑 바 마우 싹 다 장꽈. 또이 틱 끼에우 나이. 찌 어이, 까이 나이 바 오니에우?

Ở đây áo dài đẹp và màu sắc đa dạng quá. Tôi thích kiểu này. Chị ơi, cái này bao nhiêu?

여기는 아오자이가 아주 아름답고 색깔도 다양하네요.
저는 이 스타일이 좋아요. 저기요, 이거 얼마예요?

주 히에우
Chủ hiệu
가게 주인:

바 참 응인 띠엔 바이, 남 짬 응인 띠엔 마이. 떳 까 라 담 짬 응인 동.

300 nghìn tiền vải, 500 nghìn tiền may. Tất cả là 800 nghìn đồng.

원단비는 30만 동, 맞춤 비용은 50만 동으로 총 80만 동입니다.

Yoojin
유진:

닷 꽈. 씬 찌 잠 자 쪼.

Đắt quá. Xin chị giảm giá cho.

비싸네요. 좀 깎아주실 수 있어요?

Chủ hiệu
가게 주인:

씬 로이 뀌 카익. 쭝 또이 반 둥 자 조이 아.

Xin lỗi quý khách. Chúng tôi bán đúng giá rồi ạ.

고객님, 죄송합니다. 저희는 정가로 판매합니다.

- 깎아주세요. **Xin anh/chị giảm giá cho.** 씬 아잉/찌 잠 자 쪼.
- 좀 비싸요. **Hơi đắt!** 허이 닷.
- 입어봐도 되나요? **Tôi mặc thử được không?** 또이 막 트 드억 콩?
- 다른 색깔이 있나요? **Có màu khác không?** 꼬 마우 칵 콩?
- 더 작은 거 있나요? **Có cái nhỏ hơn không?** 꼬 까이 녀 헌 콩?
- 정가입니다. 깎아줄 수 없어요.
  Đúng giá rồi. Không thể giảm giá ạ. 둥 자 조이. 콩 테 잠 자 아.
- 얼마에 주실 수 있어요? **Bao nhiêu thì bán ạ?** 바오 니에우 티 반 아?
- 열 개 주세요. **Cho tôi 10 cái.** 쪼 또이 므어이 까이.

홍정	mặc cả	막 까	갈색	nâu	너우
상인	người bán	응으어이 반	검정	đen	댄
상점	cửa hàng	끄어 항	치마	váy	바이
원단	vải	바이	모자	mũ/nón	무/논
옷	áo	아오	신발	giày	자이
바지	quần	꾸언	가방	túi xách	뚜이 싸익
색깔	màu sắc	마우 싹	단추	nút áo	눗 아오
하양	trắng	창	신발을 신다	mang giày	망 자이
빨강	đỏ	도	싸다	rẻ	재
주황	cam	깜	비싸다	đắt/mắc	닷/막
노랑	vàng	브앙	짧은	ngắn	응안
초록	xanh lá	싸잉 라	긴	dài	자이
파랑	xanh da trời	싸잉 자 쩌이	크기	kích cỡ / số đo	끽 꺼 / 쏘 도
보라	tím	띰	재봉하다	may	마이
분홍	hồng	홍	품질	chất lượng	쩟 르엉

81

문법과 활용

➡ 명령: Hãy 하이, 'đi 디

'Hãy 하이', 'đi 디'는 일반동사의 조동사로 명령어를 만들 때 사용한다. 'Hãy 하이'는 일반적으로 문장의 앞이나 주어의 뒤에 오며, 'đi 디'는 문장의 끝에 붙인다.

> 예 – 문장을 세 개 쓰세요. Hãy viết 3 câu. 하이 비엣 바 꺼우.
> – 밥 드세요. Anh/chị dùng cơm đi. 아잉/찌 중 껌 디.

때로는 'Hãy', 'đi'를 명령의 의미로 한 문장에서 같이 쓰기도 한다.

> 예 – 이 음식이 아주 맛있어요. 드셔보세요.
> Món này ngon lắm. Anh/Chị dùng đi. 몬 나이 응온 람.아잉/찌 중 디.
> – 가세요. Anh/chị hãy đi đi. 아잉/찌 하이 디 디.

➡ 부탁(~해주세요): "Xin 씬~ cho 쪼"

말하는 사람이 상대방에게 부탁하려면 상대방의 호칭 앞에 부탁하는 표현을 나타내는 'Xin 씬'을 붙여서 "Xin + (주어) + 동사 + (목적어) + cho 쪼~"라는 표현을 사용할 수 있다. 때로는 'cho~ 쪼'가 생략될 수 있다.

> 예 – 모두 조용히 해주세요. Xin mọi người giữ im lặng. 씬 모이 응으어이 즈 임 랑.
> – 여기에 서명해주세요. Xin anh/chị kí ở đây. 씬 아잉/찌 끼 어 더이.
> – 잘 들어주시기 바랍니다. Xin anh/chị lắng nghe. 씬 아잉/찌 랑 응에.
> – 깎아주세요. Xin bác giảm giá cho. 씬 박 잠 자 쪼.
> – 선생님, 설명 좀 해주세요. Xin cô giải thích cho. 씬 꼬 자이 틱 쪼.
> – 길을 좀 가르쳐주세요. Xin anh/chị chỉ đường cho. 씬 아잉/찌 찌 드엉 쪼.
>
> – 메뉴를 보여주세요. (Xin) anh cho xem thực đơn. (씬)아잉 쪼 쌤 특 던.
> ※ 이 경우는 '보다'라는 행동을 실현하는 사람이 상대방이 아니라 말하는 사람이므로 'cho 쪼'는 '보다' 동사의 앞에 온다.

82

➡ ~고 싶다: muốn~ 무온~

'muốn 무온'은 어떤 것을 원할 때 또는 어떤 일을 진행하고 싶을 때 사용하는 표현
이며 '~원하다, ~하고 싶다'로 해석할 수 있다.

- 힘들어요. 좀 쉬고 싶어요.
  Tôi mệt. Tôi muốn nghỉ một chút. 또이 멧. 또이 무온 응이 못 쭛.
- 베트남에서 봉사활동을 하고 싶어요.
  Tôi muốn hoạt động tình nguyện ở Việt Nam.
  또이 무온 홧 동 띵 응우엔 어 비엣 남.
- 신발을 한 켤레 사고 싶어요.
  Tôi muốn mua một đôi giày. 또이 무온 무오 못 도이 자이.
- 다른 사람을 돕고 싶어요.
  Tôi muốn giúp đỡ người khác. 또이 무온 줍 더 응어이 칵.

연습하기

1 주어진 문장을 보고 빈칸에 베트남어로 쓰고 말해보자.

Q 이 신발은 20만 동입니다.　　　　　Giày này 200 nghìn đồng.

A 좀 비싸요, 깎아주세요.　　　　　_____

Q 입어보고 싶어요.　　　　　　　　_____

A 네. 입어보세요.　　　　　　　　Vâng. Chị mặc thử đi.

Q 가방 하나, 신발 하나에 얼마예요?　_____

A 총 45만 동입니다.　　　　　　　Tổng cộng là 450 nghìn đồng.

베트남의 전통의상 'Áo dài 아오 자이'

영화나 소설에 등장하는 하얀 아오자이를 입은 여학생의 이미지가 베트남을 대표했던 적이 있었다. 그만큼 아오자이는 베트남과 베트남 여성의 자랑스러운 전통 의상이다. 'Áo 아오'는 '옷', 'dài 자이'는 '길다'는 뜻으로 말 그대로 목부터 발까지 긴 옷이다.

아오자이는 몸의 대부분을 가리는 동시에 여인의 아름다운 몸매를 가장 잘 드러내는 옷이다. 따라서 대량으로 만든 옷을 입는 것보다는 각자 자신의 몸매의 특징에 따라 맞추는 것이 좋다. 아오자이는 목, 팔, 가슴, 허리, 옆구리, 다리 등으로 몸의 곳곳을 자로 재서 재단하는 의복이기에 매력적이다.

일반적으로 전통 의상을 명절이나 특별한 날에만 입는 반면, 베트남에서는 전통 의상인 아오자이를 명절이나 특별한 날은 물론 일상생활에서도 많이 입는다. 여자 선생님들이 학교에서 입거나 고등학교 여학생들이 교복으로 입기도 한다. 또 은행 직원, 항공사 승무원들도 아오자이를 근무복으로 입는다. 예전에는 여성뿐만 아니라 남성들도 아오자이를 입었으나 지금은 주로 여성들이 입는 의복이다.

대화

레 떤
Lễ tân
짜오 찌. 또이 꼬 테 줍 지 쪼 찌?
Chào chị. Tôi có thể giúp gì cho chị?
안내원: 안녕하세요. 뭘 도와드릴까요?

Yoojin
짜오 아잉. 또이 무온 투에 퐁.
Chào anh. Tôi muốn thuê phòng.
유진: 안녕하세요? 방을 빌리고 싶은데요.

Lễ tân
카익 싼 쭝 또이 꼬 퐁 던 바 퐁 도이. 찌 무온 투에 롸이 나오?
Khách sạn chúng tôi có phòng đơn và phòng đôi. Chị muốn thuê loại nào?
안내원: 저희 호텔은 싱글룸과 더블룸이 있습니다. 어떤 방을 원하십니까?

Yoojin
퐁 던 자 바오 니에우 못 뎀?
Phòng đơn giá bao nhiêu một đêm?
유진: 싱글룸은 1박에 얼마예요?

Lễ tân
남 짬 응인 동 못 뎀. 퐁 꼬 마이 디에우 화, 마이 느억 농 바 인떠넷 미엔 피.
500 nghìn đồng một đêm. Phòng có máy điều hoà, máy nước nóng và internet miễn phí.
안내원: 50만 동입니다. 에어컨, 냉난방, 무료 인터넷이 마련되어 있습니다.

Yoojin
버이 또이 투에 못 퐁던.
Vậy tôi thuê 1 phòng đơn.
유진: 그럼, 싱글룸을 하나 빌릴게요.

Lễ tân
찌 쪼 쌤 호 찌에우, 찌 무온 투에 머이 뎀 아?
Chị cho xem hộ chiếu, chị muốn thuê mấy đêm ạ?
안내원: 여권을 보여주세요. 며칠 동안 빌리실 겁니까?

Yoojin
바 뎀. 더이 라 호 찌에우 꾸오 또이.
3 đêm. Đây là hộ chiếu của tôi.
유진: 3일이요. 여기 제 여권입니다.

85

- 조식 서비스가 어떻게 되나요?
  Dịch vụ ăn sáng thì thế nào? 직 부 안 쌍 티 테 나오?
- 세탁 서비스가 있나요? **Có dịch vụ giặt là(ủi) không?** 꼬 직 부 잣 라(우이) 콩?
- 조식은 7시부터 10시까지입니다.
  Chúng tôi phục vụ bữa sáng từ 7 giờ đến 10 giờ.
  쭝 또이 푹 부 브어 쌍 뜨 바이 저 덴 므어이 저.
- 손님의 방은 210호입니다.
  Phòng của quý khách là phòng 210. 퐁 꾸오 뀌 카익 라 퐁 하이 짬 므어이.
- 체크아웃 시간은 12시입니다.
  Giờ trả phòng là 12 giờ trưa. 저 짜 퐁 라 므어이 하이 저 쯔어.
- 짐을 방으로 옮겨드리겠습니다.
  Chúng tôi sẽ chuyển hành lí lên phòng ạ. 쭝 또이 쎄 쭈옌 하잉 리 렌 퐁 아.
- 방을 예약하고 싶은데요. **Tôi muốn đặt phòng.** 또이 무온 닷 퐁.
- 예약을 하셨나요? **Anh/Chị đã đặt phòng chưa?** 아잉/찌 다 닷 퐁 쯔어?
- 호텔 꼭대기 층에 커피숍과 수영장이 있습니다.
  Tầng thượng khách sạn có quán cà phê và hồ bơi.
  떵 트엉 카익 산 꼬 꽌 까 페 바 호 버이.
- 사이공강을 내려다볼 수 있는 방을 원합니다.
  Tôi muốn phòng nhìn xuống sông Sài Gòn.
  또이 무온 퐁 니인 쑤옹 쏭 사이 곤.

호텔	khách sạn	카익 싼	렌트	thuê	투에
서비스	dịch vụ	직 부	세탁 서비스	dịch vụ giặt là(ủi)	직부 잣 라(우이)
서비스하다	phục vụ	푹 부	짐	hành lí	하잉 리
층	tầng	떵	체크아웃	trả phòng	짜 퐁
높다	cao	까오	방을 받다	nhận phòng	년 퐁
낮다	thấp	텁	유료	có phí	꼬 피
싱글룸	phòng đơn	퐁 던	무료	miễn phí	미엔 피
더블룸	phòng đôi	퐁 도이	아침식사	bữa sáng	브어 쌍

86

종류	loại	라이	점심식사	bữa trưa	브어 쯔어
방 예약	đặt phòng	닷 퐁	저녁식사	bữa tối	브어 또이

➡ 주어 + 'đã 다' + 동사 + 목적어 + chưa 쯔어?: ~했어요?

과거에 어떤 행위 및 행동을 했는지, 안 했는지 여부를 물어볼 때 문장의 끝에 'chưa 쯔어'를 붙여서 말한다. 이 질문에 대답하기 위해 먼저 단답형인 "Rồi 조이(네)"나 "Chưa 쯔어(아니요)"를 먼저 말하고 그다음에 상황에 따라 구체적인 정보를 문장으로 말한다.

> 대답: + 긍정문: Rồi. 주어 + 동사 + (목적어) rồi.
> + 부정문: Chưa. 주어 + chưa + 동사 + (목적어).

예
- 식사하셨어요? Anh đã ăn cơm chưa? 아잉 다 안 껌 쯔어?
  네, 먹었어요. Rồi. Tôi ăn cơm rồi. 조이. 또이 안 껌 조이.
- 그녀를 만나셨어요? Anh đã gặp cô ấy chưa? 아잉 다 갑 꼬 어이 쯔어?
  아니요, 아직 안 만났어요. Chưa. Tôi chưa gặp cô ấy. 쯔어. 또이 쯔어 갑 꼬 어이.
- 보고서를 썼어요? Em đã viết báo cáo chưa? 앰 다 비엣 바오 까오 쯔어?
  네, 썼어요. Rồi. Em viết rồi. 조이. 앰 비엣 조이.
- 방을 예약하셨어요? Anh đã đặt phòng chưa? 아잉 다 닷 퐁 쯔어?
  네, 예약했어요. Rồi. Tôi đặt phòng rồi. 조이. 또이 닷 퐁 조이.

➡ 선택을 나타내는 'hay 하이 / hoặc 확'의 용법

'hay/hoặc'은 상황에 따라 '~또는', '~나', '아니면'으로 해석할 수 있는데, 질문을 만들 때에는 'hay'를 사용하고 평서문에서는 'hoặc'을 사용한다.

예
- 커피를 드실래요? 아니면 차를 드실래요?
  Chị uống cà phê hay uống trà? 찌 우옹 까 페 하이 우옹 짜?
- 9층이에요? 아니면 10층이에요? Tầng 9 hay tầng 10? 떵 찐 하이 떵 므어이?
- 주말에 보통 친구를 만나거나 쇼핑해요.
  Cuối tuần tôi thường đi mua sắm hoặc gặp bạn.
  꾸오이 뚜언 또이 트엉 디 무오 쌈 확 갑 반.

87

연습하기

1 주어진 단어를 알맞은 빈칸에 넣어보자.

〈보기〉 hộ chiếu, chưa, hay, phòng

A. Anh đặt phòng đơn (　　　　) phòng đôi?

B. Xin chị cho xem (　　　　).

C. Tôi muốn đặt (　　　　).

D. Tôi (　　　) đi thành phố Hồ Chí Minh.

베트남의 숙박: 호텔

베트남에는 국제 표준에 따른 체계적인 5성급 호텔 시스템이 있다. 베트남에 있는 호텔에 숙박하는 경우, 신분증 또는 여권을 준비해야 한다. 호찌민에 있는 큰 호텔로는 쉐라톤 호텔(Sheraton Hotel), 뉴월드 사이공 호텔(New world Saigon Hotel), 마제스틱 호텔(Majestic Hotel), 까라벨 호텔(Caravelle Hotel) 등이 있다. 이 호텔들은 대부분 프랑스의 식민지였을 때 지어진 것으로 호찌민 시의 역사와 함께해온 건물들이다. 하노이는 베트남의 수도이자 외국 기업들의 투자를 많이 끌어들이는 도시로 외국의 브랜드 호텔이 많다. 특히 한국의 호텔로는 대우 호텔(Dewoo Hotel)과 롯데 호텔(Lotte Hotel), 신라 호텔(Silla Hotel)이 하노이에 정착했다.

베트남의 큰 호텔은 한 가지 특색이 있는데 바로 호텔이자 웨딩홀이라는 점이다. 베트남 사람들은 큰 호텔에서 결혼식을 올리면 자부심을 느낀다.

베트남을 여행하거나 비즈니스를 목적으로 출장을 할 계획이 있는 외국인은 인터넷의 호텔 부킹 사이트를 통해 방을 예약할 수 있다. 객실료는 호텔의 종류에 따라 다양한데 보통 3,4성급 호텔의 1박 요금이 50,000원~120,000원 정도이고, 고급 호텔(5성급)의 경우에는 120,000원 이상이다.

09 제9과

쪼 또이 못 편 바잉 쌔오
Cho tôi một phần bánh xèo
바잉쌔우 1인분 주세요

대화

※웨이터: **Nhân viên phục vụ(NVPV)** 년 빈 푹 부

Yoojin
유진:
아잉 쪼 쌤 특 던. 어 더이 꼬 몬 지 응온 버이 아잉?
Anh cho xem thực đơn. Ở đây có món gì ngon vậy anh?
메뉴판 좀 보여주세요. 이곳에는 맛있는 메뉴가 뭐가 있나요?

NVPV
웨이터:
꽌 쭝 또이 찌 반 바잉 쌔오 토이. 쫑 특 던 꼬 바잉 쌔오 똠 팃 바 바잉 쌔오 짜이 아.
Quán chúng tôi chỉ bán bánh xèo thôi. Trong thực đơn có bánh xèo tôm thịt và bánh xèo chay ạ.
저희 가게는 바잉쌔우만 팔아요. 메뉴에는 고기가 들어가는 바잉쌔우와 들어가지 않은 바잉쌔우가 있습니다.

Yoojin
유진:
바잉 쌔오 똠 팃 꼬 지 아?
Bánh xèo tôm thịt có gì ạ?
고기 종류는 어떤 것들이 있나요?

NVPV
웨이터:
쫑 바잉 꼬 똠, 팃 해오, 자 도 바 넘.
Trong bánh có tôm, thịt heo, giá đỗ và nấm.
고기 메뉴에는 돼지고기와 새우, 숙주 그리고 버섯이 같이 들어가요.

Yoojin
유진:
버이 아잉 쪼 또이 못 편 바잉 쌔오 똠 팃.
Vậy anh cho tôi một phần bánh xèo tôm thịt.
그럼, 돼지고기-새우 바잉쌔우 1인분 주세요.

NVPV
웨이터:
브엉. 씬 찌 더이 못 랏.
Vâng. Xin chị đợi một lát
네, 알겠습니다. 잠깐만 기다려주세요.

90

식사 후 **Sau khi ăn xong** 싸우 키 안 쏭

Yoojin
유진:

아잉 어이, 띵 띠엔.
Anh ơi, tính tiền.
저기요. 계산해주세요.

NVPV
웨이터:

남 므어이 응인 동 아. 찌 안 꼬 브어 미엥 콩 아?
50 nghìn đồng ạ. Chị ăn có vừa miệng không ạ?
5만 동입니다. 드시기에 입맛에 맞았나요?

Yoojin
유진:

느억 맘 허이 까이 느이응 젓 응온 아.
Nước mắm hơi cay nhưng rất ngon ạ.
소스가 조금 매웠어요. 하지만 맛있었어요.

≡ *Tips!*

베트남 식당에서 계산해달라고 하거나 주문을 할 때에는 웨이터를 부르는 호칭인 'Anh ơi, Em ơi, Chị ơi' 등으로 말한다. 한국어의 "저기요"라는 의미와 비슷하다.

유용한 표현

- 덜 맵게 해주세요. **Chị ơi, làm ít cay thôi.** 찌 어이, 람 잇 까이 토이.
- 배가 고파요. **Tôi đói.** 또이 도이.
- 배가 불렀어요. **Tôi no rồi.** 또이 노 조이.
- 갈비밥(베트남의 갈비구이 덮밥) 주세요. **Cho tôi một đĩa cơm sườn.** 쪼 또이 못 디어 껌 쓰언.
- 주문하세요./시키세요. **Anh gọi món ăn đi.** 아잉 고이 몬 안 디.
- 어떤 음식이 맛있나요? **Món nào ngon?** 몬 나오 응온?
- 너무 짜요! **Mặn quá!** 만 꽈!.
- 싱거워요! **Nhạt quá!/ lạt quá!** 냣 꽈/랏 꽈!.
- 뭘로 만든 거예요? **Món này làm bằng gì?** 몬 나이 람 방 지?
- 더 시킬 거 있으세요? **Anh/chị dùng thêm gì không?** 아잉/찌중템지콩?
- 부족하면 더 시킬게요. **Nếu thiếu tôi sẽ gọi thêm.** 네우 티에우 또이 쌔 고이 템.
- 고수는 넣지 마세요. **Đừng bỏ ngò.** 드응 보 응오.
- 어떤 음식을 좋아하세요? **Anh/chị thích món gì?** 아잉/찌 티익 몬 지?

야채 반찬	món rau	몬 자우	기름	dầu	저우
국	canh	까잉	향채	rau thơm	자우 텀
젓갈 소스	nước mắm	느억 맘	밀가루	bột mì	봇 미
간장	nước tương	느억 뜨엉	베트남 식빵	bánh mì	바잉 미
소금	muối	무오이	순가락	thìa/muỗng	티어/무옹
설탕	đường	드엉	젓가락	đũa	두오
맛	vị	비	식당	quán ăn	꽌 안
고추	ớt	엇	양파	hành tây	하잉 떠이
고수	ngò	응오	쪽파	hành lá	하잉 라
후추	tiêu	디에우	주문하다/시키다	gọi	고이
쌀	gạo	가오	달다	ngọt	응옷
빵	bánh	바잉	짜다	mặn	만
갈비구이밥	cơm sườn	껌 쓰언	시다	chua	쭈오
새우	tôm	똠	맵다	cay	까이
인분	phần/suất	펀/쑤엇	쓰다	đắng	당
마늘	tỏi	또이	맛있다	ngon	응온
밥	cơm	껌	맛없다	dở / không ngon	저/콩 응온

문법과 활용

➡ 정도: hơi 허이, khá 카

'약간/좀, 꽤' 등 정도를 나타내는 말로 'hơi 허이', 'khá 카'가 있으며, 형용사 앞에서 상태, 특징의 정도를 나타낸다.

> 예 – 좀 싱거워요. Hơi nhạt. 허이 낫.
> – 이 차는 꽤 비싸요. Cái xe ô tô này khá đắt. 까이 쎄 오또 나이 카 닷.
> – 이 옷은 좀 오래되었어요. Cái áo này hơi cũ. 까이 아오 나이 허이 꾸.
> – 베트남어가 좀 어려워요. Tiếng Việt hơi khó. 띠엥 비엣 허이 코.
> – 베트남어를 공부한 지 꽤 되었어요.
> Tôi học tiếng Việt khá lâu rồi. 또이 혹 띠엥 비엣 카 러우 조이.

➡️ '단지 ~뿐이다': 'chỉ 찌… thôi 토이…'

"chỉ… thôi"라는 표현은 '~만'이나 '단지 ~을 뿐이다'라고 해석할 수 있다. 'chỉ'는 동사의 앞에 오고 'thôi'는 문장의 끝에 오는데, 'thôi'는 생략이 가능하다.

예   – 나는 너만 사랑한다. **Anh chỉ yêu em.** 아잉 찌 이에우 앰.
    – 단지 쌀국수만 팔아요. **Chúng tôi chỉ bán phở thôi.** 쭝 또이 찌 반 퍼 토이.
    – 그는 밥을 안 먹고 일만 해요.
      Anh ấy không ăn cơm và chỉ làm thôi. 아잉 어이 콩 안 껌 바 찌 람 토이.
    – 그는 아들이 한 명밖에 없다.
      Ông ấy chỉ có một con trai thôi. 옹 어이 찌 꼬 못 꼰 짜이 토이.

➡️ 연결사(~고~): ~và~ 바

'và 바'는 명사와 명사, 동사와 동사, 절과 절, 문장과 문장 등을 다양하게 연결해주는 접속사다.

예   – 저와 동생은 하노이에 살아요. **Tôi và em trai sống ở Hà Nội.** 또이 바 앰 짜이 쏭 어 하 노이.
    – 벤탄 시장은 넓고 깨끗해요. **Chợ Bến Thành rộng và sạch.** 쩌 벤 탄 종 바 싸익.
    – 충 씨는 착하고 친절한 사람이에요. **Anh Trung hiền và tử tế.** 아잉 쭝 히엔 바 뜨 떼.
    – 설날에 한국 사람은 고향에 돌아가고 조상님께 제사를 지낸다.
      Vào ngày Tết người Hàn Quốc thường về quê và làm lễ cúng tổ tiên.
      바오 응아이 뗏, 응으어이 한 꾸옥 트엉 베 꿰 바 람 레 꿍 또 띠엔.

연습하기

 다음 문장을 베트남어로 바꿔보자.

    A. 커피 한잔 주세요.   _____

    B. 계산해주세요.   _____

    C. 바잉미 주문했어요.   _____

    D. 분짜 2인분 주세요.   _____

    E. 이 식당은 꽤 비싸요.   _____

베트남의 대표 음식

베트남 음식은 밥과 국, 고기와 여러 채소로 만든 반찬이 기본이다. 밥은 쌀로 짓는 베트남의 가장 기본적인 음식이고, 국은 베트남의 다양한 채소나 고기를 이용하여 끓여 먹는다. 이때 고기는 지역에 따라 민물고기나 바닷고기를 이용한다. 특히 베트남 사람들은 젓갈을 매우 좋아해서 밥을 먹을 때 '젓갈 소스(nước mắm 느억 맘)'를 밥상 위에 올려놓고 반찬을 소스에 찍어서 먹기도 한다.

베트남 사람들은 평상시에 밥과 고기, 채소로 만든 반찬 및 국을 주로 먹지만 아침식사나 파티 음식으로 특별히 요리해서 먹는 음식도 많다. 베트남의 대표 음식을 알아보자.

Phở 퍼

'Phở 퍼'는 세계적으로 알려진 베트남의 전통 음식이다. 퍼는 지역마다 맛이 조금 다르지만 요리 방식과 재료가 동일하다. Phở는 요리 방식이 복잡해서 가정식이 아닌 주로 식당에서 사 먹는 음식으로 아침, 점심, 저녁 등 때와 상관없이 즐겨 먹는 대중 음식이다.

Bún chả 분 짜

'Bún chả 분 짜'는 하노이에 여행 갈 때 꼭 먹어봐야 할 하노이의 대표 음식이다. 'Bún 분'은 면 또는 국수라는 뜻이고 'chả 짜'는 가공한 고기를 의미한다. 주로 다진 돼지고기를 주재료로 하며, 손으로 만들어진 햄이라고 볼 수 있다. 분짜의 맛을 결정하는 요인은 소스인데, 젓갈로 간을 해 끓여서 만든다. 다른 베트남 음식과 마찬가지로 고기 요리를 먹을 때에도 분, 짜, 야채 소스에 찍어 야채 또는 향채와 같이 먹는다.

Bánh xèo 바잉 쌔오

'Bánh xèo 바잉 쌔오'는 한국 음식인 파전과 비슷하며 쌀가루 액을 프라이팬에 넣고 익은 녹두, 볶은 돼지고기, 새우, 숙주를 얹어 익힌 음식으로 매콤달콤한 젓갈 소스와 야채를 같이 먹는다.

Bánh mì 바잉 미

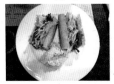

프랑스의 식민지 지배로 인해 베트남에는 서양 음식이 많이 유입되었는데, 토종 음식과 화합해 다양한 음식이 탄생했다. 그 대표적 음식이 'Bánh mì 바잉 미'로 '베트남 샌드위치'라고 부르기도 한다. 퍼보다 값이 싸고 간편해서 근래 들어 많은 베트남인들이 아침식사로 매우 선호하는 음식이다.

Chả giò 짜 조 / nem rán 냄 잔

대표적인 베트남 음식으로 퍼에 이어 'Chả giò 짜 조'를 들 수 있다. 짜조는 베트남 사람들에게는 매우 익숙한 음식으로 퍼처럼 만들기가 복잡하지 않아서 가정에서 쉽게 해 먹는 음식이다. 짜조는 특히 제사음식이기도 한데, 북부 지방에서는 이 음식을 'nem rán 냄 잔'이라고 부르고 남부 지방 사람들은 'Chả giò 짜 조'라고 부른다. 이 점을 염두에 두면 메뉴를 보고 주문할 때 당황하지 않을 수 있다.

Cơm tấm 껌 떰 / cơm sườn 껌 쓰언

'Cơm tấm 껌 떰'은 싸라기로 짓는 밥을 뜻하고 'sườn 쓰언'은 한국어로 갈비를 뜻한다. 벼를 수확해 방아를 찧은 후에 남은 작은 쌀 또는 싸라기를 버리지 않고 아껴 쓰는 관습에서 생겨난 음식이다. 예전에 베트남에서는 형편이 어려운 가정에서 싸라기로 밥을 짓고 젓갈과 기름을 섞어 먹었던 데에서 유래하였다. 그 음식을 변형하고 돼지갈비 구이와 계란, 쪽파, 오이 등을 추가해 현재의 'Cơm tấm 껌 떰 / cơm sườn 껌 쓰언'이라는 음식이 되었다. 이 요리는 밥에 고기 및 야채까지 들어 있어 베트남 사람들이 푸짐한 점심식사나 저녁식사로 해 먹는 음식이다.

10 제10과

또이 넨 디 방 프엉 띠엔 지?

Tôi nên đi bằng phương tiện gì?
어떤 교통수단으로 가는 것이 좋아요?

대화

Yoojin
유진:

아잉 쭝 어이, 어 비엣 남 디 방 프엉 띠엔 나오 띠엔 녓?

Anh Trung ơi, ở Việt Nam đi bằng phương tiện nào tiện nhất?

충 씨, 베트남에서는 무슨 교통수단을 이용하면 가장 편리해요?

Trung
쭝:

응으어이 비엣 남 트엉 디 방 쌔 마이. 찌 쯔어 꽨 쌔 마이, 찌 넨 디 방 딱씨 확 쌔 부잇.

Người Việt Nam thường đi bằng xe máy. Chị chưa quen xe máy, chị nên đi bằng tắc-xi hoặc xe buýt.

베트남 사람들은 보통 오토바이를 타고 다녀요. 유진 씨는 아직 오토바이가 익숙하지 않으니 택시나 버스를 타고 다니는 게 좋아요.

Yoojin
유진:

어 비엣 남 다 꼬 따우 디엔 응엄 쯔어?

Ở Việt Nam đã có tàu điện ngầm chưa?

베트남에는 지하철이 있나요?

Trung
쭝:

쯔어 찌 아. 비엣 남 쯔어 꼬 따우 디엔 응엄.

Chưa chị ạ. Việt Nam chưa có tàu điện ngầm.

아니요. 아직 없어요.

Yoojin
유진:

브어이 아? 브어이 티 또이 쌔 디 방 딱 씨.

Vậy à? Vậy thì tôi sẽ đi bằng tắc-xi.

그래요? 그럼 택시를 타고 다녀야겠어요.

- 이 근처에 버스정류장이 어디에 있나요?
  Gần đây có trạm xe buýt không? 건 더이 꼬 짬 쌔 부잇 콩?
- 버스정류장에서 세워주세요.
  Hãy dừng ở trạm xe buýt. 하이 증 어 짬 쌔 부잇.
- 오토바이가 너무 많아요. **Xe máy nhiều quá.** 쌔 마이 니에우 꽈.
- 택시를 부르자. **Chúng ta gọi tắc-xi đi.** 쭝 따 고이 딱 씨 디.
- 한국은 교통 체계가 아주 현대적입니다.
  Hệ thống giao thông ở Hàn Quốc rất hiện đại.
  헤 통 자오 통 어 한 꾸옥 젓 히엔 다이.
- 쉐라톤 호텔로 가는 길을 알려주세요.
  Xin anh/chị chỉ cho tôi đường đến khách sạn Sheraton.
  씬 아잉/찌 찌 쪼 또이 드엉 덴 카익 산 쉐라톤.
- 쩨옴에 가본 적이 있나요?
  Chị đi xe ôm bao giờ chưa? 찌 디 쌔 옴 바오 저 쯔어?
- 가장 빠른 교통수단이 무엇인가요?
  Phương tiện giao thông nhanh nhất là gì?
  프엉 띠엔 자오 통 냐잉 녓 라지?
- 버스에 사람이 너무 많아요.
  Trên xe buýt có nhiều người quá. 쩬 쌔 부잇 꼬 니에우 응어이 꽈.
- 여기부터 거기까지 먼가요?
  Từ đây đến đó có xa không? 뜨 더이 덴 도 꼬 싸 콩?
- 운전할 줄 아세요? **Anh biết lái xe ô tô không?**
  아잉 비엣 라이 쌔 오또 콩?
- 하노이는 출퇴근 시간에 길이 자주 막혀요.
  Ở Hà Nội thường kẹt xe vào giờ cao điểm.
  어 하 노이 트엉 깻 쌔 바오 저 까오 디엠.

단어

➡ 방향어

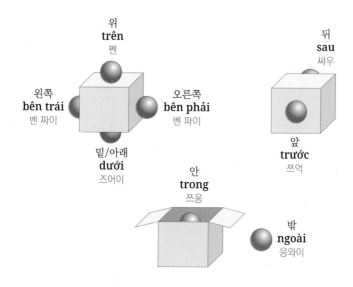

위
trên
쩬

뒤
sau
싸우

왼쪽
bên trái
벤 짜이

오른쪽
bên phải
벤 파이

밑/아래
dưới
즈어이

앞
trước
쯔억

안
trong
쯔옹

밖
ngoài
응와이

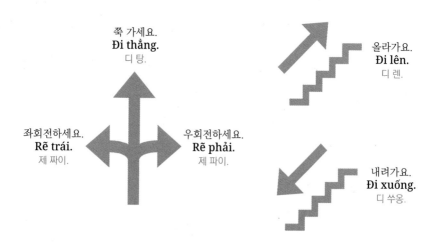

쭉 가세요.
Đi thẳng.
디 탕.

올라가요.
Đi lên.
디 렌.

좌회전하세요.
Rẽ trái.
제 짜이.

우회전하세요.
Rẽ phải.
제 파이.

내려가요.
Đi xuống.
디 쑤옹.

버스	xe buýt	쌔 부잇	체계	hệ thống	헤 통
지하철	tàu điện ngầm	따우 디엔 응엄	역	ga tàu	가 따우
기차	xe lửa	쌔 르어	공항	sân bay	썬바이
비행기	máy bay	마이 바이	터미널	bến xe	벤쌔
택시	tắc-xi	딱 씨	타다	đón / bắt	돈 / 밧
오토바이	xe máy	쌔 마이	걷다	đi bộ	디 보
자동차	xe ô tô	쌔 오 또	달리다	chạy	짜이
자전거	xe đạp	쌔 답	운전하다	lái xe	라이 쌔
시외버스	xe liên tỉnh	쌔 리엔 띵	찾다	tìm	띰
출퇴근 시간	giờ cao điểm	저 까오 디엠	차가/ 길이 막히다	tắc đường / kẹt xe	딱 드엉/ 깻 쌔
항구	cảng biển	깡 비엔	들어가다	đi vào	디 바오
교통	giao thông	자오 통	편리하다	tiện lợi	띠엔 러이

문법과 활용

➡ ~(으)로: bằng 방

어떤 일의 도구, 수단 또는 방법을 말할 때 'bằng 방'을 사용한다.

예 – 버스를 타고 와요. Tôi đến đây bằng xe buýt. 또이 덴 더이 방 쌔 부잇.
  – 이건 찹쌀로 만든 음식이에요. Đây là món ăn làm bằng gạo nếp.
  더이 라 몬 안 람 방 가오 넵.
  – 오토바이를 타고 일하러 가요. Tôi đi làm bằng xe máy. 또이 디 람 방 쌔 마이.
  – 그들은 영어로 대화해요. Họ nói chuyện với nhau bằng tiếng Anh.
  호 노이 쭈엔 버이 나우 방 띠엥 아잉.

➡ 질문: ~(시간) 얼마나 걸려요?: "~mất bao lâu? 멋 바오 러우?"
  대답: 교통수단/간격 ~mất +시간

'mất 멋'은 '잃다'라는 뜻을 가진 동사인데 '시간을 잃다', 즉 '시간을 소유하다'라는
의미로 확장해 시간이 얼마나 걸리는지 질문할 때 "교통수단/간격~ + mất bao lâu
멋 바오 러우?"라는 형태로 사용할 수 있다. 대답할 때에는 'bao lâu'의 위치를 걸리는
시간으로 바꿔 말하면 된다.

예 – 여기부터 거기까지 버스로 얼마나 걸려요?
Đi từ đây đến đó bằng xe buýt mất bao lâu? 디 뜨 더이 덴 더 방 쌔 부잇 멋 바오 러우?

– 택시로 얼마나 걸립니까? **Đi bằng tắc xi mất bao lâu?** 디 방 딱 씨 멋 바오 러우?

– 집에서 학교까지 걸어서 얼마나 걸려요?
Em đi bộ từ nhà đến trường mất bao lâu? 앰 디 보 뜨 냐 덴 쯔엉 멋 바오 러우?

▶ phải 파이, nên 넨 + 동사: "~하는 것이 좋다: "nên 넨 + 동사" "~ 해야 한다': "phải 파이 + 동사"

'nên'은 주로 동사 앞에 위치하며 상대방에게 조언이나 충고를 해줄 때 사용한다. 'phải'는 어떤 일을 해야 한다는 의미를 나타내며 '~해야 한다/된다'로 해석할 수 있다.

예 – 내일까지 이 보고서를 보내야 해요.
Đến ngày mai, tôi phải gửi bản báo cáo này.
덴 응아이 마이 또이 파이 그이 반 바오 까오 나이.

– 가: 포고에 가려면 무엇으로 가야 하나요?
Đi Phố cổ phải đi bằng gì ạ? 디 포 고 파이 디 방 지 아?

– 나: 택시로 가는 것이 좋아요. **Chị nên đi bằng tắc-xi.** 찌 넨 디 방 딱씨.

– 준비하기 위해 일찍 오시는 게 좋아요.
Anh nên đến sớm để chuẩn bị. 아잉 넨 덴 썸 데 쭈언 비.

MEMO

100

연습하기

① 주어진 문장을 보고 빈칸에 베트남어로 쓰고 말해보자.

〈보기〉

a Đến Vincom phải đi bằng gì ạ?

b Chị nên đi xe buýt số 150.

a '빈컴'으로 가려면 무엇을 타고 가야 하나요?

b 150번 버스를 타세요.

A.

a Tôi muốn đến Lãnh sự quán Hàn Quốc.

b _____

B.

a Tôi muốn đi Sapa.

b _____

베트남의 교통수단

오토바이(Xe máy 쌔 마이)

오토바이는 베트남의 대표적인 교통수단으로 서민층도 집집마다 한 대씩 가지고 있다. 베트남은 도로가 좁아서 오토바이가 가장 편리한 교통수단이다.

택시(Tắc xi 딱 씨)

베트남은 택시 회사에 따라 차량의 색깔과 모습이 다르다. 베트남의 대표적인 택시 회사로는 마이링 Mai Linh taxi, 비나선 Vinasun Taxi 등이 있다. 최근 들어 베트남에서는 스마트폰으로 예약할 수 있는 우버 Uber, 그랩 Grab 택시도 반응이 좋다. 택시요금은 차의 크기에 따라 조금 차이가 있지만 1킬로를 기준으로 하면 대략 1만~1만 5천 동 정도이다.

버스(xe buýt 쌔 부잇)

베트남에는 오토바이가 많지만 버스도 많이 이용한다. 버스는 특히 학생들과 나이 드신 서민들이 자주 이용하는 대중교통 수단이다. 베트남의 큰 도시인 호찌민이나 하노이에서는 버스를 많이 이용할 수 있게 하기 위해 혜택 및 서비스를 개선하고 노선을 확대하고 있다. 특히 최근에는 공항으로 가는 버스가 각광을 받고 있다. 버스 안에는 기사 외에 표를 파는 직원도 있는데, 버스를 타자마자 직원이 와서 표를 판다. 시내버스 요금은 운송 간격에 따라 다른데 25km 이내의 요금은 7,000동, 25km~30km 이내는 8,000동, 30km 이상은 9,000동이므로 잔돈을 미리 준비하는 것이 좋다.

시외버스(xe khách 쌔 카익, xe liên tỉnh 쌔 리엔 띵)

시외버스는 지방으로 가는 장거리 버스로 홈페이지에 들어가서 예약하거나 터미널에 가서 직접 구매할 수 있다. 베트남을 여행할 때 시외버스를 이용하면 값이 저렴하고 편리하다.

시클로(xe xích lô 쌔 씩 로)

시클로는 과거에 베트남의 교통수단이었는데, 요즘에는 관광객들의 체험용으로 사용되고 있다.

11 | 제11과

응아이 레 런 녓 비엣 남-뗏
Ngày lễ lớn nhất Việt Nam-Tết
베트남의 가장 큰 명절-뗏

대화

벤탄 시장에서 Ở chợ Bến Thành 어 쩌 벤 타잉

Yoojin
유진:

오, 동 응으어이 꽈.
Ồ, đông người quá.
와우, 사람들이 정말 많네요.

Trung
쭝:

비 쌉 라 뗏 넨 꼬 니에우 응으어이 디 쩌 찌 아.
Vì sắp là Tết nên có nhiều người đi chợ chị ạ.
곧 설이라 시장에 가는 사람들이 많아요.

Yoojin
유진:

오, 티 자 라 테. 어 비엣 남, 응아이 레 런 녓 라 응아이 레 지 바 라 키 나오?
Ồ, thì ra là thế. Ở Việt Nam, ngày lễ lớn nhất là ngày lễ gì và là khi nào?
아, 그렇군요. 베트남의 가장 큰 명절은 무엇이고 언제인가요?

Trung
쭝:

응아이 레 런 녓 라 뗏, 응아이 못 탕 못 엄 릭.
Ngày lễ lớn nhất là Tết, ngày 1 tháng 1 âm lịch.
베트남의 가장 큰 명절은 설날이에요. 음력 1월 1일이에요.

Yoojin
유진:

오, 한 꾸옥 꿍 꼬 뗏 엄 릭.
Ồ, Hàn Quốc cũng có Tết âm lịch.
그렇군요. 한국도 음력 설날을 지내요.

Trung
쭝:

바오 응아이 뗏, 응으어이 비엣 남 트엉 람 레 꿍 옹 바, 안 몬 안 쭈이엔 통 바 쭉 뗏 나우. 꼰 한 꾸옥 티 싸오 찌 유진?
Vào ngày Tết, người Việt Nam thường làm lễ cúng ông bà, ăn món ăn truyền thống và chúc Tết nhau. Còn Hàn Quốc thì sao chị Yoo Jin?
설날에 베트남 사람들은 조상께 차례를 올리고 전통 음식도 먹고 덕담을 서로 나눠요. 한국에서는 설날을 어떻게 지내요, 유진 씨?

Yoojin
유진:

뗏 엄 릭 꾸오 한 꾸옥 꿍 종 비엣 남. 바오 응아이 나이, 응으어이 한 꾸옥 트엉 안 떡국. 테 몬 안 쭈엔 통 응아이 뗏 꾸오 비엣 남 라 지 아?

Tết Âm lịch của Hàn Quốc cũng giống Việt Nam. Vào ngày này, người Hàn Quốc thường ăn Tteok-guk. Thế món ăn truyền thống ngày Tết của Việt Nam là gì ạ?

한국은 음력 설날이 베트남과 비슷한데, 이날 떡국을 먹어요. 그럼, 베트남은 설날에 먹는 전통 음식이 뭐예요?

Trung
쭝:

몬 안 쭈엔 통 응아이 뗏 꾸오 비엣 남 라 반쯩, 반 뗏. 버이 저 쭝 따 띰 히에우 까익 람 반 쯩 니애.

Món ăn truyền thống ngày Tết của Việt Nam là bánh Chưng, bánh Tét. Bây giờ chúng ta tìm hiểu cách làm bánh Chưng nhé.

베트남의 설날 전통 음식은 반쯩, 반뗏이에요. 지금 반쯩을 만드는 방법을 알아볼까요.

유용한 표현

– 쉬는 날, 주로 뭐하세요? **Vào ngày nghỉ, anh/chị thường làm gì?**
바오 응아이 응이, 아잉/찌 트엉 람 지?

– 베트남의 휴일은 무슨 요일인가요?
Ngày nghỉ lễ của Việt Nam là ngày nào?
응아이 응이 레 꾸오 비엣 남 라 응아이 나오?

– 금요일에 만날까요? **Thứ sáu gặp nhau nhé?** 트 싸우 갑 나우 내?

– 당신의 생일이 언제인가요? **Sinh nhật của bạn là khi nào?**
씽 녓 꾸오 반 라 키 나오?

– 제 생일은 6월 2일입니다. **Sinh nhật của tôi là ngày 2 tháng 6.**
씽 녓 꾸오 또이 라 응아이 하이 탕 싸우.

– 어떤 축제를 가장 좋아하세요? **Anh/Chị thích nhất lễ hội nào?**
아잉/찌 틱 녓 레 호이 나오?

– 이 축제에 대해 알고 싶어요. **Tôi muốn biết về lễ hội này.**
또이 무온 비엣 베 레 호이 나이.

– 한국은 설날에 먹는 전통 음식이 뭐예요?
Món ăn truyền thống ngày Tết của Hàn Quốc là gì?
몬 안 쭈엔 통 응아이 뗏 꾸오 한 꾸옥 라 지?

– 그렇군요. / 그러네요. **Thì ra là thế.** 티 자 라 테.

– 그렇다면 / 그러면 **Vậy thì / Thế thì** 버이 티/테 티

- 새해 복 많이 받으세요.
  Chúc mừng năm mới/Chúc năm mới an khang, thịnh vượng.
  쭉 므엉 남 머이/쭉 남 머이 안 캉 팅 브엉.
- 결혼을 축하합니다. **Chúc mừng hạnh phúc.** 쭉 므엉 하잉 푹.
- 생일 축하합니다. **Chúc mừng sinh nhật.** 쭉 므엉 씽 녓.

단어

설날	Tết	뗏	현대적	hiện đại	히엔 다이
음력	âm lịch	엄 릭	보통	thường	트엉
양력	dương lịch	즈엉 릭	좋아하다	thích	티익
휴일	ngày nghỉ	응아이 응이	가장/제일	nhất	녓
축제	lễ hội	레 호이	작다	nhỏ	녀
새해	năm mới	남 머이	크다	to/lớn	또/런
잔치	tiệc	띠엑	덕담하다	chúc Tết	쭉 뗏
생일	sinh nhật	씽 녓	기원하다	mong ước	므옹 으억
결혼	kết hôn/cưới	껫 혼/끄어이	지난해	năm trước	남 쯔억
제사를 지내다	làm lễ cúng	람 레 꿍	내년	năm sau	남 싸우
초대	mời	므어이	사람이 적다	vắng người	방 응으어이
적다	ít	잇	사람이 붐비다	đông người	동응 으어이
많다	nhiều	니에우	세뱃돈을 주다	mừng tuổi/ lì xì	므엉 뚜오이 /리 씨
전통적	truyền thống	쭈엔 통	받다	nhận	년

문법과 활용

공통점을 같이 공유하는 표현(~도 역시): cũng 꿍

'cũng 꿍'은 주어 뒤에 바로 붙여 앞에서 말했던 사실과 같이 공유하는 의미를 나타내며 '~도'로 해석할 수 있다.

예
- 저는 회사원입니다. 아내도 회사원입니다.
  Tôi là nhân viên. Vợ tôi cũng là nhân viên. 또이 라 년 비엔. 버 또이 꿍 라 년 비엔.
- 한국에는 설날이 있어요. 베트남에도 설날이 있어요.
  Hàn Quốc có Tết. Việt Nam cũng có Tết. 한 꾸옥 꼬 뗏, 비엣 남 꿍 꼬 뗏.

연결사(~지만): ~nhưng ~느이응

'nhưng 느이응'은 앞절과 뒷절이 서로 반대되는 의미를 표현할 때 사용한다.

예
- 이 옷은 예쁘지만 비싸요. **Cái áo này đẹp nhưng đắt.** 까이 아오 나이 댑 느이응 닷.
- 베트남어는 어렵지만 재미있어요. **Tiếng Việt khó nhưng thú vị.**
  띠엥 비엣 코 느이응 투 비.
- 이 회사는 규모가 작지만 크게 발전할 것입니다.
  Quy mô công ty này nhỏ nhưng sẽ phát triển mạnh.
  뀌 모 꽁 띠 나이 녀 느이응 쌔 팟 찌엔 마잉.

인과관계(왜냐하면 ~때문이다): Vì⋯nên 비⋯넨

인과관계를 표현할 때: "Vì 비⋯nên 넨⋯"을 사용한다. 'Vì'는 이유를 표현하는 절의 앞에 위치하며, 'nên'은 결과를 표현하는 절의 앞에 붙여서 말한다.

예
- 시험에 합격해서 아주 기뻐요. **Vì thi đỗ nên tôi rất vui.** 비 티 도 넨 또이 젓 부이.
- 차가 막혀서 늦게 왔어요.
  Tôi đến trễ vì bị kẹt xe. 또이 덴 쩨 비 비 깻 쌔.
- 피곤해서 학교에 안 갔어요. **Vì mệt nên tôi không đi học.** 비 멧 넨 또이 콩 디 혹.

106

1 주어진 문장을 베트남어로 쓰고 말해보자.

A. 이 옷은 예쁘지만 비싸요.　　Cái áo này đẹp nhưng đắt.

B. 베트남어는 어렵지만 재미있어요.　＿＿＿＿＿＿＿＿＿＿＿＿＿

C. 저와 동생은 서울에 살아요.　　＿＿＿＿＿＿＿＿＿＿＿＿＿

D. 피곤해서 학교에 안 갔어요.　　Vì mệt nên tôi không đi học.

E. 제 아내도 회사원입니다.　　＿＿＿＿＿＿＿＿＿＿＿＿＿

F. 베트남에도 설날이 있어요.　　＿＿＿＿＿＿＿＿＿＿＿＿＿

MEMO

베트남의 'Tết 뗏'

베트남은 민족별로 새해가 다를 뿐만 아니라 명절과 축제가 아주 다양하다. 현재 베트남에서는 전통 명절과 국경일을 휴일로 규정하고 있다.

베트남에서는 보통 국가적인 명절을 'Tết 뗏'이라고 부른다. 음력 설날은 'Tết Nguyên Đán 뗏 응웬 단'이라고 하고, '추석'은 'Tết Trung thu 뗏 쭝 투', '음력 5월 5일'을 'Tết Đoan ngọ 뗏 도안 응오'라고 부른다. 뗏은 베트남의 가장 큰 명절이다. 뗏 연휴에는 일반적으로 학생들은 9~10일, 공무원과 회사원은 5~7일 동안 쉴 수 있다. 음력 설에는 멀리 떨어져 살던 사람들이 모두 고향으로 돌아가 설을 같이 지낸다. 설 전에는 집집마다 깨끗하게 청소하는 풍습이 있는데, 이는 새해에 모든 것을 청결하게 시작하면서 하는 일이 원활하기를 바라는 기원을 담고 있다.

베트남에서는 설날에 찹쌀, 녹두, 돼지고기로 만든 'bánh Chưng 반쯩'('Bánh Tét 반뗏'이라고도 함)이라는 전통 음식을 먹는데, 이 음식에는 땅과 하늘의 어울림이라는 의미가 담겨 있다. 베트남 사람들은 설날에 이 전통 음식을 과일, 꽃과 함께 제단 위에 올리고 조상에게 제사를 지낸다.

설날 첫날에 설빔으로 차려입고 가족이 모두 모여 조상들께 차례를 지낸 뒤, 자식들이 부모님께 세배를 하고 어른들은 어린이들에게 세뱃돈을 주고 맛있는 뗏 음식을 같이 먹는 풍습은 한국과 베트남이 서로 같다. 또한 베트남 사람들은 세배를 할 때 "Chúc mừng Năm Mới 쭉 므응 남 머이"라고 인사하는데, 이 말은 한국의 "새해 복 많이 받으세요"라는 의미와 같다.

오늘날의 뗏은 예전처럼 그리 길지 않지만, 지금도 베트남 사람들에게는 아직도 뗏에 대한 의식이 가족 및 조상을 위하는 신성하고 고귀한 풍습으로 남아 있다.

〈 반쯩/반뗏을 만드는 모습 〉

12 | 제12과 또이 비 다우 붕
Tôi bị đau bụng
배가 아파요

대화

Yoojin
유진:

짜오 찌, 또이 비 다우 붕 녠 덴 캄. 당 끼 어 더우 아?

Chào chị, tôi bị đau bụng nên đến khám.
Đăng kí ở đâu ạ?

안녕하세요, 배가 아파서 왔어요. 접수는 어디에서 하나요?

Y tá
간호사:

찌 당 끼 어 더이. 찌 부이 롱 디엔 바오 피에우 나이. 찌 응오이 더이, 쭝 또이 쌔 고이 뗀.

Chị đăng kí ở đây. Chị vui lòng điền vào phiếu này.
Chị ngồi đợi, chúng tôi sẽ gọi tên.

이쪽으로 오세요. 처음 오셨으면 이 서류를 먼저 작성해주세요.
앉아서 기다리시면 이름을 불러드릴게요.

Yoojin
유진:

브엉.

Vâng.

네. 알겠습니다.

잠시 후 Một lát sau 못 랏 싸우

Y tá
간호사:

찌 김유진, 머이 바오.

Chị Kim Yoo Jin, mời vào.

김유진 씨, 들어오세요.

Bác sĩ
의사:

찌 비 다우 붕 뜨 키 나오? 꼬 띠에우 짜이 하이 논 므어 콩?

Chị bị đau bụng từ khi nào?
Có tiêu chảy hay nôn mửa không?

언제부터 그랬죠? 설사나 구토는 안 하세요?

Yoojin
유진:

또이 비 띠에우 짜이 뜨 홈 꽈. 논 하이 런 조이 아.

Tôi bị tiêu chảy từ hôm qua. Nôn 2 lần rồi ạ.

어제부터 설사를 했어요. 구토도 두 번 했고요.

꼬 래 찌 비 비엠 주옷. 파이 쌧 응이엠 다.

Bác sĩ **Có lẽ chị bị viêm ruột. Phải xét nghiệm đã.**

의사: 장염인 것 같군요. 우선 검사를 먼저 해봅시다.

찌 디 테오 로이 나이, 람 쌧 응이엠 마우 바 펀.

Y tá **Chị đi theo lối này, làm xét nghiệm máu và phân.**

간호사: 이쪽으로 따라오세요. 피검사와 대변검사를 할 거예요.

유용한 표현

- 어디가 아파요? **Đau ở đâu?** 다우 어 더우?
- 머리가 아파요. **Tôi bị đau đầu.** 또이 비 다우 더우.
- 이가 아파요. **Tôi bị đau răng.** 또이 비 다우 장.
- 감기에 걸렸어요. **Tôi bị cảm rồi.** 또이 비 깜 조이.
- 어지러워요. **Tôi bị chóng mặt.** 또이 비 쫑 맛.
- 몸살이 났어요. **Toàn thân mệt mỏi.** 또안 턴 멧 모이.
- 구급차 좀 불러주세요. **Làm ơn gọi xe cấp cứu.** 람 언 고이 쌔 껍 끄우.
- 감기약을 사고 싶어요. **Tôi muốn mua thuốc cảm.** 또이 무온 무오 투옥 깜.
- 치과가 어디예요? **Nha Khoa ở đâu ạ?** 냐 콰 어 더우 아?
- 이 근처에 내과가 있어요?
  Gần đây có phòng khám không? 건 더이 꼬 퐁 캄 콩?

단어

몸	**cơ thể**	꺼 테	허벅지	**bắp đùi**	밥 두이
손	**tay**	따이	무릎	**đầu gối**	더우 고이
손가락	**ngón tay**	응온 따이	열나다	**bị sốt**	비 솟
손바닥	**bàn tay**	반 따이	감기에 걸리다	**bị cảm**	비 깜
발	**bàn chân**	반 쩐	감기약	**thuốc cảm**	투옥 깜
발가락	**ngón chân**	응온 쩐	부러지다	**gãy**	가이

다리	chân	쩐		붓다	sưng	씅
눈	mắt	맛		환자	bệnh nhân	베잉 년
코	mũi	무이		의사	bác sĩ	박 씨
혀	lưỡi	르어이		간호사	y tá	이따
입	miệng	미엥		의원	phòng khám	퐁 감
귀	tai	따이		병원	bệnh viện	베잉 비엔
이	răng	장		약국	nhà thuốc	냐 투옥
피	máu	마우		복통	đau bụng	다우 붕
머리	đầu	더우		장염	viêm ruột	비엠 주옷
어깨	vai	바이		설사	tiêu chảy	띠에우 짜이
뼈	xương	쓰엉		구토	nôn	논
가슴	ngực	응윽		기침	ho	호
허리	hông/eo	홍/애오		재채기하다	hắt hơi	핫 허이
뺨	má	마		콧물이 나다	sổ mũi	쏘 무이
				인두염	viêm họng	비엠 홍

문법과 활용

▶ 동사 + ~것 같아요: "chắc là 짝 라 /có lẽ là 꼬 래 라 + 동사/문장"

추측의 표현 〈동사 + ~것 같아요〉는 베트남어로는 "chắc là 짝 라 / có lẽ là 꼬 래 라 + 동사/문장"으로 쓴다.

예 – 내일 비가 올 것 같아요. Chắc là ngày mai trời mưa. 짝 라 응아이 마이 쩌이 므어.
 – 목이 아파요. 인후염이 생긴 것 같아요.
  Đau họng quá! có lẽ tôi bị viêm họng rồi. 다우 홍 꽈! 꼬 래 또이 비 비엠 홍 조이.
 – 비행기가 늦을 것 같아요. Có lẽ tôi sẽ trễ chuyến bay. 꼬 래 또이 쎄 쩨 쭈엔 바이.
 – 이탈리아 식당은 비쌀 것 같아요. Chắc là nhà hàng Ý đắt lắm. 짝 라 냐 항 이 닷 람.

▶ một lát 못 랏, một chút 못 쭛, một ít 못 잇

이 세 가지 표현은 소량을 나타내는데, 한국어로는 '조금'으로 해석할 수 있다. 일반 적으로 'một lát 못 랏'은 시간적인 개념으로 쓰이는데, 'một chút 못 쭛'은 사물과 시간에 모두 사용할 수 있으며 'một ít 못 잇'은 사물에만 사용할 수 있다.

예 – 잠깐만 기다려주세요. Xin đợi một lát. 씬 더이 못 랏.
- 잠깐 쉬자. Chúng ta nghỉ một chút đi. 쭝 따 응이 못 쭛 디.
- 밥을 조금 먹었어요. Tôi đã ăn một ít cơm rồi. 또이 다 안 못 잇 껌 조이.

동사/문장 + đã 다: 먼저~

'đã'는 어떤 일을 우선적으로 한다는 의미로 쓰이며 문장의 끝에 위치한다.

예 – 피곤해, 잠깐 쉬자. Mệt rồi. Nghỉ một lát đã. 멧 조이.응이 못 랏 다.
- 먼저 검사해야 해요. Tôi phải kiểm tra đã. 또이 파이 끼엠 짜 다.
- 우선 식사해요. Ăn cơm đã. 안 껌 다.

베트남어 수동태 bị 비, được 드억

bị 비, được 드억은 동사 앞에 위치하며 수동태를 나타낸다. 'bị 비'는 부정적인 의미로 주어가 기대하지 않거나 안 좋은 일을 당할 때 사용하며, 'được 드억'은 긍정적인 의미로 주어가 좋아하는 상황일 때 사용한다.

예 – 저는 해고되었어요. Tôi bị đuổi việc. 또이 비 두오이 비엑.
- 그녀는 열심히 해서 교수님께 칭찬을 받았어요.
  Chị ấy được giáo sư khen vì chăm chỉ. 찌 어이 드억 자오 쓰 캔 비 짬 찌.
- 그는 많은 사람에게 사랑을 받아요.
  Anh ấy được nhiều người yêu mến. 아잉 어이 드억 니에우 응어이 이에우 멘.
- 도둑이 경찰에게 잡혔어요. Tên trộm bị cảnh sát bắt. 뗀 쫌 비 까잉 쌋 밧.

연습하기

1 주어진 단어를 알맞은 빈칸에 넣어보자.

〈보기〉 một lát, được, thuốc tiêu hóa, bị

A. Tôi (   ) ốm. Tôi phải uống thuốc.

B. Xin chị đợi (   ).

C. Anh Trung (   ) tặng quà.

D. Tôi bị đau bụng. Tôi cần (   ).

베트남에서 병원 가기

베트남 사람들과 마찬가지로 베트남에서 근무하는 대부분의 외국인들 또한 자신의 건강에 대한 관심이 있다. 건강검진을 하는 것은 자신의 건강을 스스로 관리하기 위한 것이기도 하지만 기업에서 요청할 때 하는 경우도 있다.

주의: 외국인을 위한 건강보험
외국인 근로자(기업 관리자 포함)는 베트남에서 3개월 이상의 노동계약을 하거나 기간을 정하지 않은 노동계약을 하는 경우, 현재 규정에 따라 건강보험에 가입해야 한다. 외국인 근로자는 급여의 1/3을, 고용주는 급여의 2/3를 지불해야 한다. 베트남에서 근무하는 동안 건강검진을 받거나 아플 때 병원에 가서 치료를 받는 경우, 다음의 병원 주소를 참고할 수 있다.

하노이: 비엣-팝하노이 병원(Bệnh viện Việt-Pháp Hà Nội)
- 주소: 1 Phuong Mai, Dong Da District, Hanoi
- 전화: +844 3577 1100
- 전문의과: 33
- 진료시간: 월~일요일 00:00~23:59

호찌민: FV 병원 – Bệnh Viện FV (FV HOSPITAL)
- 주소: 6 Nguyen Luong Bang, Tan Phu, District 7, Ho Chi Minh City
- 전화: +84 8 5411 3333

CC BY Nguyễn Thanh Quang

또이 비 멋 호 찌에우 조이
Tôi bị mất hộ chiếu rồi
여권을 잃어버렸어요

대화

Yoojin
유진:

또이 비 멋 뚜이 싸익 조이. 씬 아잉 줍 쪼.
Tôi bị mất túi xách rồi. Xin anh giúp cho.
가방을 잃어버렸습니다. 도와주세요.

Công an
경찰관:

꽁 안
찌 비 멋 어 더우?
Chị bị mất ở đâu?
어디에서 잃어버렸어요?

Yoojin
유진:

또이 비 멋 어 포 꼬.
Tôi bị mất ở phố Cổ.
포꼬 거리에서 잃어버렸어요.

Công an
경찰관:

쫑 뚜이 싸익 꼬 도 벗 지? 찌 하이 비엣 자 더이.
Trong túi xách có đồ vật gì? Chị hãy viết ra đây.
가방에 어떤 물건이 있었나요? 여기에 적어주세요.

Yoojin
유진:

꼬 비, 호 찌에우 바 디엔 톼이 지 동. 쫑 비 꼬 태, 띠엔 맛. 응와이 자, 꼰 꼬 쯩 밍 트 느어.
Có ví, hộ chiếu và điện thoại di động. Trong ví có thẻ, tiền mặt. Ngoài ra, còn có chứng minh thư nữa.
지갑, 여권, 휴대전화가 있었어요. 지갑에는 카드와 현금, 그 외에 신분증도 있었고요.

Công an
경찰관:

쭝 또이 쌔 디에우 짜 조이 리엔 락 쪼 찌. 쯔억 띠엔 찌 하이 덴 다이 쓰 꽌 한 꾸옥 데 람 라이 호 찌에우 디.
Chúng tôi sẽ điều tra rồi liên lạc cho chị. Trước tiên chị hãy đến Đại sự quán Hàn Quốc để làm lại hộ chiếu đi.
조사해보고 연락드리겠습니다. 우선 한국대사관에서 여권을 재발급받으세요.

Yoojin
유진:

다이 쓰 꽌 한 꾸옥 어 더우?

Đại sứ quán Hàn Quốc ở đâu?

한국대사관은 어디에 있나요?

Công an
경찰관:

어 똬 냐 쌈빗타워, 쏘 못 참 드엉 쩐 주이 흥.

Ở toà nhà Charm Viet Tower, số 117 đường Trần Duy Hưng.

천주이흥길 117번지, Charm Vit Tower에 있습니다.

유용한 표현

- 도와주세요. **Xin hãy giúp tôi.** 씬 하이 줍 또이.
- 살려주세요. **Xin hãy cứu tôi.** 씬 하이 끄우 또이.
- 경찰을 불러주세요. **Xin hãy gọi cảnh sát .** 씬 하이 고이 까잉 쌋.
- 터미널에서 잃어버렸습니다. **Bị mất ở bến xe ạ.** 비 멋 어 벤 쌔 아.
- 경찰서는 어디에 있습니까? **Sở cảnh sát ở đâu?** 써 까잉 쌋 어 더우?
- 가방 안에 중요한 서류가 있습니다.
  Trong túi có giấy tờ quan trọng. 쫑 뚜이 꼬 저이 떠 꽌 쫑.
- 출입국 관리 사무소에 가야 합니다.
  Tôi phải đến Cục Quản lý Xuất nhập cảnh.
  또이 파이 덴 끄욱 꽌 리 쑤엇 녑 까잉.
- 소방서 옆에 있어요. **Ở bên cạnh Sở Cứu hoả.** 어 벤 까잉 써 끄우 화.
- 변호사를 선임하고 싶습니다. **Tôi muốn gặp luật sư.** 또이 무온 갑 루엇 쓰.
- 식당에서 소매치기 당했어요.
  Tôi bị móc túi ở quán ăn. 또 비 목 뚜이 어 꽌 안.
- 지갑을 잃어버렸어요. **Tôi bị mất ví.** 또이 비 멋 비.

공안	công an	꽁 안	소방서	sở cứu hoả	써 끄우 화
변호사	luật sư	루엇 쓰	지갑	ví	비
길	đường	드엉	돈	tiền	띠엔
대사관	đại sứ quán	다이 쓰 꽌	도둑	tên trộm	뗀 쫌
경찰서	sở cảnh sát	써 까잉 쌋	거짓말	lời nói dối	러이 노이 조이
공안센터	đồn công an	돈 꽁 안	진실	sự thật	쓰 텃
버스정류장	bến xe buýt	벤 쌔 부잇	법원	toà án	따 안
슈퍼마켓	siêu thị	씨에우 티	소방관	nhân viên cứu hoả	년 비엔 끄우 화
소매치기	móc túi	목 뚜이	비자	visa/thị thực	비사/티 특
사기	lừa	르어	범죄	tội phạm	또이 팜
법률	pháp luật	팝 루엇	잡다	bắt	밧
판사	quan toà	꽌 따	도망가다	chạy trốn	짜이 쫀
출입국 관리 사무소	cục quản lí xuất nhập cảnh	끄욱 꽌 리 쑤엇 녑 까잉	잃어버리다	bị mất	비 멋
응급	cấp cứu	껍 끄우	때리다	đánh	다잉

➡ ~하기 위해 'để 데' + 동사

'để 데'는 어떤 행동이나 행위의 목적을 말할 때 쓰는 표현이며 한국어의 '~하려고 하다', '~하기 위해'로 해석할 수 있다.

예 – 베트남에 봉사활동을 하러 왔어요.
   Tôi đến Việt Nam để hoạt động tình nguyện. 또이 덴 비엣 남 데 홧 동 띵 응웬.
   – 준비하기 위해 일찍 오시는 게 좋아요.
   Anh nên đến sớm để chuẩn bị. 아잉 넨 덴 썸 데 쭈언 비.
   – 면접하러 왔습니다. **Tôi đến để phỏng vấn.** 또이 덴 데 퐁 번.

■➤ 두 동사를 잇는 말 'nếu 네우~…thì 티~'

두 동사를 연결해 앞에 나오는 동사가 뒤에 나오는 동사의 조건이 되게 만들기 위해
'nếu + 가정, thì + 결과'라는 표현을 사용한다.

- 추우면 코트를 입어요. **Nếu lạnh thì mặc áo khoác.** 네우 라잉 티 막 아오 콱.
- 상한 음식을 먹으면 설사해요.
  Nếu ăn thức ăn thiu thì sẽ bị tiêu chảy. 네우 안 특 안 티우 티 쌔 비 띠에우 짜이.
- 휴대전화를 보면서 가면 아주 위험해요.
  Nếu vừa đi vừa xem điện thoại thì rất nguy hiểm.
  네우 브어 디 브어 쎔 디엔 똬이 티 젓 응위 히엠.
- 힘들면 잠시 쉬세요. **Nếu mệt thì hãy nghỉ một lát đi.** 네우 멧 티 하이 응이 못 랏 디.

■➤ ~뿐만 아니라, ~외에는 'ngoài ra 응와이 자~…còn 꼰~'

어떤 일정한 한계를 넘어가는 의미를 표현할 때 사용한다. '~뿐만 아니라, 그 외에
는'으로 해석할 수 있다.

예
- 영어를 공부할 뿐만 아니라 베트남어도 공부해요.
  Ngoài học tiếng Anh ra, tôi còn học tiếng Việt.
  응와이 혹 띠엥 아잉 자, 또이 꼰 혹 띠엥 비엣.
- 베트남 외에 태국과도 제휴하고 있습니다.
  Ngoài Việt Nam ra, công ty chúng tôi còn hợp tác với Thái Lan.
  응와이 비엣 남 자, 꽁 띠 쭝 또이 꼰 헙 딱 버이 타이 란.
- 가방 안에 책, 지갑뿐만 아니라 휴대전화도 있어요.
  Trong túi có sách, ví. Ngoài ra còn có điện thoại.
  쫑 뚜이 꼬 싸익, 비. 응와이 자 꼰 꼬 디엔 똬이.

연습하기

↻ ① 다음 문장을 완성해보자.

A. **Nếu có nhiều tiền, tôi sẽ (   ).**

B. **Nếu bị ốm, tôi sẽ (   ).**

C. **Nếu có thời gian, tôi sẽ (   ).**

117

주베트남 대한민국 대사관(하노이)

1992년 베트남과 한국 양국이 외교관계를 맺은 이래 25년이라는 짧은 기간 동안 한-베 관계는 실로 경이적인 발전을 지속해왔다. 이제 한국은 누계 투자액 500억 불이 넘는 최대의 대베트남 투자국이 되었고, 베트남은 우리의 제3위 수출국으로서 2016년 양국 간 교역 규모는 451억 불에 달하였다.

양국의 상호 방문객은 지난해 무려 175만 명을 기록하여 베트남은 현재 동남아에서 한국인들이 가장 많이 찾는 국가가 되었고, 한국을 찾는 베트남 관광객과 유학생도 꾸준히 증가하고 있다.

주베트남 대사관은 양국 간 정치·경제·사회·문화 등 여러 분야에서 협력을 다변화하고, 상호 이해와 존중을 바탕으로 호혜적인 관계를 강화해나가며, 미래 세대 간 교류를 더욱 활성화함으로써 양국의 전략적 협력 동반자 관계를 한층 더 증진해나갈 것이다.

주베트남 대한민국 대사관 주소 및 연락처

- 주소: 28th Fl., Lotte Center Hanoi, 53 Lieu Giai St., Ba Dinh District, Hanoi, Vietnam
- 대표 메일: korembviet@mofa.go.kr
- 전화: 024)3831-5110~6(베트남에서 걸 때)
    +84-24)3831-5110~6 (한국 또는 해외에서 걸 때)
- 영사부 전화(비자 및 여권 등): 024)3771-0404(베트남에서 걸 때),
    +84-24)3771-0404(한국 또는 해외에서 걸 때)
- 긴급 전화: 사건·사고 +84) 90-462-6126, +84) 90-0467-0859
- 여권 분실 및 여권 관련 업무: +84) 91-323-2284
    업무시간 외에 일어난 사건·사고는 긴급 연락처를 통해 문의할 수 있으나 사증(비자), 공증, 서한, 여권 발급 관련 업무는 평일 근무시간에 전화로 문의하거나 방문해야 한다.

주베트남 대한민국 영사관(호찌민)
- 주소: 107 Nguyen Du Street, District 1, Ho Chi Minh city, Viet Nam
- 전화: +84-(0) 28-3824 -8531~4
    ※ 근무시간: 월~금, 오전 9:00~12:00, 오후 1:30~17:00

PART 3

비즈니스회화 편

01 | 제1과

또이 꼬 테 띰 하잉 리 어 더우 아?
Tôi có thể tìm hành lý ở đâu ạ?
수하물은 어디에서 찾나요?

대화

입국심사 중 **Kiểm tra nhập cảnh** 끼엠 짜 녑 까잉

년 비엔 하이 관
Nhân viên hải quan

입국심사관:

찌 부이 롱 쪼 쌤 호 찌에우.
Chị vui lòng cho xem hộ chiếu.
여권을 보여주세요.

Minjung

민정:

더이 아.
Đây ạ.
여기 있습니다.

Nhân viên hải quan

입국심사관:

찌 쌔 어 비엣 남 바오 러우?
Chị sẽ ở Việt Nam bao lâu?
베트남에는 얼마 동안 계실 건가요?

Minjung

민정:

또이 쌔 어 바 뚜언.
Tôi sẽ ở 3 tuần.
3주간 있을 예정입니다.

Nhân viên hải quan

입국심사관:

리 조 탐 꽌 바 디어 찌 르우 쭈 꾸오 찌 라 지.
Lý do tham quan và địa chỉ lưu trú của chị là gì.
방문 목적과 체류 장소를 말씀해주세요.

Minjung

민정:

또이 무온 띰 꺼 호이 낑 좌잉. 또이 어 카익 싼 뉴월드.
Tôi muốn tìm cơ hội kinh doanh.
Tôi ở khách sạn New World.
사업상 방문했습니다. 뉴월드호텔에서 머물 겁니다.

입국 심사 후 **Sau khi kiểm tra nhập cảnh** 싸우 키 끼엠 짜 녑 까잉

Minjung
민정:

또이 꼬 테 띰 하잉 리 어 더우 아?
Tôi có thể tìm hành lý ở đâu ạ?
수하물은 어디에서 찾나요?

Nhân viên hải quan
입국심사관:

찌 느인 방 통 바오 디엔 뜨. 어 도 꼬 기 쏘 쭈엔 바이 바 방 하잉 리.
Chị nhìn bảng thông báo điện tử. Ở đó có ghi số chuyến bay và băng hành lý.
표지판을 보세요. 전광판에서 비행기 편 이름과 수하물 구역을 확인하세요.

- 비자 수수료는 얼마입니까?

Lệ phí visa là bao nhiêu? 레 피 비사 라 바오 니에우?

- 봉사활동을 하러 왔습니다.

Tôi để đến hoạt động tình nguyện. 또이 뎬 데 홧 동 띵 웬.

- 여행을 왔습니다. **Tôi đến để du lịch.** 또이 뎬 데 주 릭.

- 세관에 신고할 물건은 없습니다.

Tôi không có hàng hoá để khai báo hải quan.
또이 콩 꼬 항 화 데 카이 바오 하이 꽌.

- 카트는 어디에 있나요? **Xe đẩy ở đâu ạ?** 쌔 더이 어 더우 아?

- 제 가방이 없어졌어요.

Túi xách của tôi mất rồi. 뚜이 싸익 꾸오 또이 멋 조이.

- 가방이 부서졌어요.

Vali hành lý của tôi bị gãy rồi. 바리 하잉 리 꾸오 또이 비 가이 조이.

- 택시 승강장은 어디입니까?

Nơi đón xe tắc xi ở đâu ạ? 너이 돈 쌔 딱 씨 어 더우 아?

- 뉴월드호텔로 가주세요.

Cho tôi đến khách sạn NewWorld. 쪼 또이 뎬 카익 싼 뉴월드.

- 호텔까지 택시요금이 얼마입니까?

Tắc xi đến khách sạn bao nhiêu tiền ạ?
딱 씨 뎬 카익 싼 바오 니에우 띠엔 아?

단어

공항	sân bay	썬 바이	수수료	lệ phí	레 피
수하물	hành lý	하잉 리	경영/사업	kinh doanh	낑 좌잉
입국	nhập cảnh	녑 까잉	입국 신고서	tờ khai nhập cảnh	떠 카이 녑 까잉
출국	xuất cảnh	쑤엇 까잉	세관 신고서	tờ khai thuế quan	떠 카이 투에 꽌
세관	thuế quan	투에 꽌	체류	lưu trú	르우 추
표지판	bảng hiệu/ bảng thông báo	방 히에우/ 방 통바오	돌아오다	quay lại	꽈이 라이
찾다	tìm	띰	기회	cơ hội	꺼 호이

전광판	bảng điện tử	방 디엔 뜨	정산/계산하다	thanh toán	타잉 또안
비자	visa	비사	착륙하다	hạ cánh	하 까잉
비자 발급	cấp visa	껍 비사	이륙하다	cất cánh	껏 까잉
비행기	máy bay	마이 바이	고장나다	bị hỏng	비 홍
세금	tiền thuế	띠엔 투에	확인하다	kiểm tra	끼엠 짜
분실	mất	멋	신고하다	khai báo	카이 바오
파손	hư tổn/ hư hại	흐 똔/ 흐 하이	확인하다	xác nhận	싹 년
수하물 구역	băng hành lí	방 하잉 리			

문법과 활용

➡ 'bao lâu 바오 러우'의 용법

'bao lâu 바오 러우'는 '얼마 동안'이라는 뜻의 시간이나 기간 등의 범위를 질문할 때 사용하는 의문사로 보통 문장의 끝에 위치한다.

> **예**
> – 하노이에 얼마나 머물 예정이에요?
> **Anh/Chị sẽ ở Hà Nội bao lâu?** 아잉/찌 쌔 어 하 노이 바오 러우?
> – 베트남어 공부를 얼마나 했나요?
> **Anh/Chị đã học tiếng Việt bao lâu?** 아잉/찌 다 혹 띠엥 비엣 바오 러우?
> – 호찌민부터 다랏까지 얼마나 걸리나요?
> **Từ Thành phố Hồ Chí Minh đến Đà Lạt mất bao lâu?**
> 뜨 타잉 포 호 찌 민 덴 다 랏 멋 바오 러우?
> – 이 회사에서 얼마 동안 일하셨어요?
> **Chị đã làm ở công ty này bao lâu?** 찌 다 람 어 꽁 띠 나이 바오 러우?

➡ 'có thể 꼬 테… được 드억': ~할 수 있다.

어떤 일을 할 가능성이 있다는 의미를 표현할 때 'có thể… được'의 형태를 사용한다. 'có thể'는 동사의 앞에 위치하고 'được'은 동사의 뒤에 위치한다. 'có thể' 또는 'được' 중 하나만 사용해도 무방하다.

> **예**
> – 베트남어를 할 수 있어요. **Tôi có thể nói được tiếng Việt.** 또이 꼬 테 노이 드억 띠엥 비엣.
> – 운전을 할 수 있어요. **Tôi có thể lái xe được.** 또이 꼬 테 라이 쌔 드억.
> – 수영할 수 있어요? **Anh/chị có thể bơi được không?** 아잉/찌 꼬 테 버이 드억 콩?

- 네. 수영할 수 있어요. Được. Tôi có thể bơi được. 드억. 또이 꼬 테 버이 드억.
- 수하물을 어디에서 찾을 수 있나요?
  Tôi có thể tìm hành lí ở đâu? 또이 꼬 테 띰 하잉 리 어 더우?

▶ 부정 형태: không thể + 동사 + được.
　　　　　　không + 동사 + được.

의문 형태: có thể + 동사 + (được) không?
　　　　　　동사 + được không?

예
- 베트남어를 전혀 하지 못해요.
  Tôi không thể nói tiếng Việt được. 또이 콩 테 노이 띠엥 비엣 드억.
- 운전을 못해요. Tôi không thể lái xe được. 또이 콩 테 라이 쌔 드억.
- 매운 음식을 먹을 수 있어요?
  Anh/chị có thể ăn món ăn cay được không? 아잉/찌 꼬 테 안 몬 안 까이 드억 콩?
- 아니오, 매운 음식을 못 먹어요.
  Không, tôi không ăn món ăn cay được. 콩, 또이 콩 안 몬 안 까이 드억.

연습하기

1 알맞은 단어끼리 서로 연결하자.

A. 공항 •　　　　　　　　　• a. hành lý
B. 체류 •　　　　　　　　　• b. khai báo
C. 수하물 •　　　　　　　　• c. sân bay
D. 신고하다 •　　　　　　　• d. lưu trú

2 'Có thể, được, không thể...được'을 사용해서 문장을 완성해보자.

A. Tôi (　　　) ăn kim chi (　　　　　) vì kim chi rất cay.

B. Minjung đã học tiếng Anh. Cô ấy (　　　　　　)
   nói tiếng Anh (　　　　).

C. Ông ấy bị đau chân. Ông ấy (　　　　) đến (　　　).

비자

한국 국민에 대한 비자 면제에 관한 규칙에 따라 한국 국민은 사전 비자를 신청할 필요 없이 유효한 여권과 왕복 티켓을 준비하면 된다. 그러나 비자 면제로 베트남에 입국하는 경우에는 다른 종류의 비자로 변경할 수 없다. 베트남에서 지낼 수 있는 체류 기간이 만료되면(15일 이내) 외국인은 베트남에서 출국해야 한다. 베트남에 재입국을 원하는 경우에는 이전 체류 기간이 종료된 시점에서 최소 30일 후에 접수가 가능하다.

어 비엣 남 꼬 느이응 망 지 동 지?
Ở Việt Nam có những mạng di động gì?
베트남에는 무슨 통신사가 있나요?

대화

Minjung
민정:

또이 무온 고이 디엔 퇘이 바 쓰 즈웅 인터넷 느이응 콩 비엣 까익 당 끼.

Tôi muốn gọi điện thoại và sử dụng internet nhưng không biết cách đăng kí.

전화와 인터넷을 사용하고 싶은데 신청 방법을 몰라요.

흐엉 전 비엔
Hướng dẫn viên
가이드:

쯔억 띠엔, 찌 파이 당 끼 심 쏘 디엔 퇘이 어 비엣 남. 싸우 도 찌 꼬 테 고이 바 쓰 중 인터넷 퇘이 마이.

Trước tiên, chị phải đăng kí sim số điện thoại ở Việt Nam. Sau đó chị có thể gọi và sử dụng internet thoải mái.

우선 베트남 유심을 신청해야 해요. 그러면 편리하게 전화를 걸고 인터넷을 사용할 수 있어요.

Minjung
민정:

어 비엣 남 꼬 느이응 망 지 동 지?

Ở Việt Nam có những mạng di động gì?

베트남에는 무슨 통신 회사가 있나요?

Hướng dẫn viên
가이드:

어 비엣 남, 깍 망 지 동 포 비엔 꼬: 비엣텔, 모비폰, 비나폰…
찌 꿍응 꼬 테 쓰 중 인터넷 방 느이응 망 나이.

Ở Việt Nam, các mạng di động phổ biến có: Viettel, Mobiphone, Vinaphone, v.v... chị cũng có thể sử dụng internet bằng những mạng này.

베트남의 대표적인 통신 회사는 비엣텔, 모비폰, 비나폰 등이 있어요.
이 통신 회사로 인터넷을 사용할 수도 있어요.

Minjung
민정:

버이 또이 꼬 테 무오 심 어 더우?

Vậy tôi có thể mua sim ở đâu?

그럼, 유심을 어디에서 살 수 있나요?

Hướng dẫn viên
가이드:

찌 꼬 테 무오 심 바 태 납 어 끄어 항 디엔 토아이. 어 비엣 남 중 태 납 짜 쯔억.

Chị có thể mua sim và thẻ nạp ở cửa hàng điện thoại. Ở Việt Nam dùng thẻ nạp trả trước(pre-paid).

휴대전화 가게에서 살 수 있어요. 베트남에서는 선불 충전 카드를 사용해요.

Minjung
민정:

자 라 버이, 깜 언 아잉 젓 니에우.

Ra là vậy, cám ơn anh rất nhiều.

그렇군요. 정말 감사합니다.

- 이것은 어디에서 파나요? **Cái này bán ở đâu ạ?** 까이 나이 반 어 더우 아?
- 충전 카드는 어디에서 파나요? **Thẻ nạp bán ở đâu ạ?** 태 납 반 어 더우 아?
- 휴대전화 유심을 구입하고 싶어요.
  Tôi muốn mua sim điện thoại di động. 또이 무온 무오 심 디엔 톼이 지 동.
- 충전 카드 사용법을 알려주세요.
  Xin cho biết cách sử dụng thẻ nạp điện thoại.
  씬 쪼 비엣 까익 쓰증 태 납 디엔 톼이.
- 베트남에서는 전화요금이 보통 얼마입니까?
  Cước phí điện thoại ở Việt Nam thường là bao nhiêu?
  끄억 피 디엔 톼이 어 비엣 남 트엉 라 바오 니에우?
- 베트남의 국가번호는 무엇인가요?
  Mã số quốc gia của Việt Nam là số mấy?
  마 쏘 꾸옥 자 꾸오 비엣 남 라 쏘 머이?
- 84입니다. **Là 84.** 라 땀 므어이 본.
- 인터넷을 사용할 수 있나요?
  Tôi có thể sử dụng internet được không?
  또이 꼬 테 쓰 중 인터넷 드억 콩?
- Wi-Fi 비밀번호가 뭐예요?
  Mật khẩu Wi-fi là gì ạ? 멋 커우 Wi-fi 라 지 아?
- Wi-Fi 연결이 안 돼요.
  Tôi không kết nối Wi-Fi được. 또이 콩 껫 노이 Wifi 드억.
- 무료로 Wi-Fi를 사용할 수 있는 곳이 어디입니까?
  Tôi có thể sử dụng Wi-Fi miễn phí ở đâu?
  또이 꼬 테 쓰 중 Wi-fi 미엔 피 어 더우?

국제전화	điện thoại quốc tế	디엔 톼이 꾸옥 떼	우선	trước tiên	쯔억 띠엔
유심	sim	심	안내	hướng dẫn	흐엉 전
선불 충전 카드	thẻ nạp trả trước	테 납 짜 쯔억	통신사	mạng di động	망 지 동

요금	cước phí	끄억 피	보내다	gửi	그이
무료	miễn phí	미엔 피	팔다	bán	반
방법	cách / phương pháp	까익/ 프엉 팝	사용하다	sử dụng	쓰 중
증명사진	ảnh thẻ	아잉 태	구입하다	mua	무오
환전	đổi tiền	도이 띠엔	(돈/요금) 내다	trả	짜
신용카드	thẻ tín dụng	태 띤 중	알려주다	cho biết	쪼 비엣
현금	tiền mặt	띠엔 맛	바꾸다	đổi	도이
카드 충전	nạp thẻ	납 태	연결하다	kết nối	껫 노이

문법과 활용

➡ ~에 따라: 〈theo 태오~〉

어떤 경우, 사실이나 기준 등에 의거하는 뜻을 표현할 때 'theo 태오'를 사용하는데 '~에/를 따라, ~따르면'으로 해석할 수 있다.

> **예**
> – 안내에 따라 하세요. Hãy làm theo hướng dẫn. 하이 람 태오 흐엉 전.
> – 따라 읽으세요. Hãy đọc theo tôi. 하이 독 태오 또이.
> – 민정 씨는 충 씨를 따라 공항에 간다.
>   Minjung theo Trung đi sân bay. 민정 태오 쭝 디 썬 바이.
> – 보고서에 따르면 이번 달에 가격이 올라갈 것이다.
>   Theo báo cáo, tháng này giá sẽ tăng. 태오 바오 까오, 탕 나이 자 쎄 땅.

➡ ~더 추가로 하다.: 〈thêm 템… nữa 느어…〉

'thêm…nữa' 문구는 어떤 것을 추가하려고 말할 때 사용한다. 'thêm 템'은 동사 뒤에 오고 'nữa 느어'는 문장의 끝에 오는데 둘 중 하나만 사용하기도 한다.

> **예**
> – 영어를 할 수 있지만 프랑스어도 배우고 싶어요.
>   Tôi có thể nói tiếng Anh nhưng tôi muốn học thêm tiếng Pháp nữa.
>   또이 꼬 테 노이 띠엥 아잉 니응 또이 무온 혹 템 띠엥 팝 느어.
> – 밥을 먹었는데 더 먹고 싶어요.
>   Tôi ăn cơm rồi nhưng tôi muốn ăn thêm nữa.
>   또이 안 껌 조이 느응 또이 무온 안 템 느어.
> – 맥주 두 병 더 주세요. Cho tôi thêm 2 chai bia. 쪼 또이 템 하이 짜이 비어.

연습하기

1 주어진 문장을 베트남어로 쓰고 말해보자.

A. 물 좀 더 주세요.

_____

B. 띠리 읽으세요.

_____

C. 안내에 따라 하세요.

_____

MEMO

베트남에서 휴대전화를 사용하는 방법

베트남에는 1990년대에 휴대전화가 도입되어 1993년에 우체국 총국에 속하는 베트남 최초의 통신 회사인 모비폰이 탄생했다. 베트남에서는 주로 모비폰 Mobiphone, 비나폰 Vinaphone, 비엣텔 Viettel이 사용되고 있다. 이 통신 회사들의 기본요금은 큰 차이가 없으며 개인의 선택에 따라 통신사를 고를 수 있다. 한편 파트 1에서 소개했듯이 전화번호 앞자리 번호를 통해 통신사를 알 수 있다. 베트남의 가장 오래된 통신사인 모비폰은 앞자리 번호가 090, 093, 0120 등으로 시작하고, 비나폰은 091, 094, 0123 등, 베엣텔은 098, 097, 096 등으로 시작한다.

한국에서는 휴대전화의 번호를 개통하려면 통신사의 대리점에 가서 신청할 수 있는데, 베트남에서는 휴대전화 가게에서 모든 통신사의 번호를 개통하므로 매장에서 원하는 휴대전화와 통신사를 같이 신청할 수 있다. 예전에는 신분증 없이 누구나 유심(Usim)을 몇 장이든 구입할 수 있었지만, 요즘에는 신분증이나 여권을 지참해야 구매할 수 있으며 한 명이 소유할 수 있는 번호는 최대 두 개이다.

모든 통신사의 기본요금은 보통 1100~1120vnd/1분으로 거의 비슷하지만 같은 통신사로 통화하면 문자와 통화요금이 더 저렴하다. 한국에서는 주로 후불로 요금을 지불하지만 베트남에서는 선불 충전 카드를 구입하는 방식으로 요금을 지불한다.

03
제3과
젓 헌 하잉 드억 갑 아잉
Rất hân hạnh được gặp anh
처음 뵙겠습니다

대화

Minjung
민정:
씬 짜오 아잉. 또이 뗀 라 조민정, 년 비엔 꽁 띠 IT허브꼬리아.
Xin chào anh. Tôi tên là Jo Minjung, nhân viên công ty IT Hub Korea.
안녕하세요. IT허브코리아의 사원인 조민정입니다.

Thư ký
비서:
씬 짜오 찌. 찌 뗀 꼬 비엑 지 콩 아?
Xin chào chị. Chị đến có việc gì không ạ?
안녕하세요. 어떤 일로 오셨나요?

Minjung
민정:
또이 꼬 핸 버이 아잉 롱, 포 잠 독 룩 본 저.
Tôi có hẹn với anh Long, Phó giám đốc lúc 4 giờ.
4시에 롱 이사장님과 만나기로 약속이 되어 있습니다.

Thư ký
비서:
브엉. 씬 찌 더이 못 랏.
Vâng. Xin chị đợi một lát.
네. 잠깐만 기다려주세요.

잠시 후 Một lát sau 못 랏 싸우

Long
롱:
씬 짜오 찌. 씬 로이 비 다 데 찌 더이. 머이 찌 바오.
Xin chào chị. Xin lỗi vì đã để chị đợi. Mời chị vào.
안녕하세요. 기다리시게 해서 죄송합니다. 들어오세요.

Minjung
민정:
젓 부이 드억 갑 아잉. 또이 라 조민정, 쯔엉 퐁 IT허브꼬리아.
응에 노이 아잉 라 포 잠 독 꽁띠 IT 사이 곤 파이 콩 아?
Rất vui được gặp anh. Tôi là Jo Minjung, trưởng phòng IT Hub Korea.
Nghe nói anh là phó giám đốc công ty IT Sài Gòn phải không ạ?
처음 뵙겠습니다. 저는 IT허브코리아 팀장 조민정입니다.
사이공IT 회사 이사장님이시라는 이야기를 들었습니다.

Long
롱:
브엉. 또이 라 롱, 포 잠 독 꽁 띠 IT 사이 곤. 젓 부이 드억 갑 찌.
Vâng. Tôi là Long, phó giám đốc công ty IT Sài Gòn.
Rất vui được gặp chị.
네. 사이공IT 롱 이사장입니다. 만나서 반갑습니다.

Minjung
민정:
므옹 아잉 줍 더. 더이 라 자잉 티엡 꾸오 또이.
Mong anh giúp đỡ. Đây là danh thiếp của tôi.
잘 부탁드립니다. 제 명함입니다.

유용한 표현

- 만나서 반갑습니다. **Rất vui được gặp anh/chị.** 젓 부이 드억 갑 아잉/찌.
- 잘 부탁드립니다. **Mong anh/chị giúp đỡ.** 므옹 아잉/찌 줍 더.
- 초대해주셔서 감사합니다. **Cám ơn chị đã mời tôi.** 깜 언 찌 다 머이 또이.
- 마중 나와주셔서 감사합니다.
  Cám ơn anh đã đến đón tôi. 깜 언 아잉 다 덴 돈 또이.
- 신선영 씨께서 소개해주셨습니다.
  Cô Sin-Seon-Yeong đã giới thiệu cho tôi. 꼬 신선영 다 저이 티에우 쪼 또이.
- 김윤정 씨로부터 말씀 많이 들었습니다.
  Tôi đã được nghe cô Kim-Yun-Jeong nói nhiều về chị.
  또이 다 드억 응에 꼬 김윤정 노이 니에우 베 찌.
- 약속 시간을 바꿀 수 있을까요?
  Tôi có thể thay đổi giờ hẹn được không?
  또이 꼬 태 타이 도이 저 핸 드억 콩?
- 교통 체증으로 인해 도착 시간이 늦어질 것 같습니다.
  Vì tắc đường nên có lẽ tôi sẽ đến trễ. 비 딱 드엉 넨 꼬 래 또이 쌔 덴 쩨.
- 늦어서 죄송합니다. **Tôi xin lỗi vì đến trễ.** 또이 씬 로이 비 덴 쩨.
- 명함을 하나 주실 수 있나요?
  Anh/chị có thể cho tôi danh thiếp được không?
  아잉/찌 꼬 태 쪼 또이 자잉 티엡 드억 콩?
- 베트남에 온 것은 이번이 처음입니다.
  Đây là lần đầu tiên tôi đến Việt Nam. 더이 라 런 더우 띠엔 또이 덴 비엣 남.
- 연락드리겠습니다.
  Tôi sẽ liên lạc với anh/chị. 또이 쌔 리엔 락 버이 아잉/찌.

단어

약속	hứa / hẹn	흐어 / 핸	대표이사	Chủ tịch hội đồng quản trị / Tổng giám đốc	쭈 띡 호이 동 꽌 찌 / 뜨옹 잠독
국적	quốc tịch	꾸옥 띡	이사, 상무	phó giám đốc	포 잠 독
회의	hội nghị / họp	호이 응이 / 홉	회사명	tên công ty	덴 꽁 띠
명함	danh thiếp	자잉 티엡	실장/팀장	trưởng phòng	쯔엉 퐁
소개	giới thiệu	저이 티에우	~에서 왔다	đến từ~	덴 뜨
방문	thăm	탐	늦어지다	trễ	쩨
고객	khách hàng	카익 하잉	담당하다	đảm nhận	담 년
주소	địa chỉ	디어 찌	책임지다	chịu trách nhiệm	찌우 짜익 느이엠
전화번호	số điện thoại	쏘 디엔 톼이	기다리다	đợi	더이
직책	chức vụ	쯕 부	기쁘다	vui	부이

문법과 활용

➡ 반대말

자주 쓰이는 형용사의 반대말

같은	giống	종	다른	khác	칵
큰	to / lớn	또 / 런	작은	bé / nhỏ	배 / 녀
긴	dài	자이	짧은	ngắn	응안
많은	nhiều	니에우	적은	ít	잇
넓은	rộng	종	좁은	chật	쩟
먼	xa	싸	가까운	gần	건
오래된	cũ	꾸	새로운	mới	머이
예쁜	đẹp	댑	못생긴	xấu	써우
젊은	trẻ	째	늙은	già	자
안	trong	쫑	밖	ngoài	응와이
열린	mở	머	닫힌	đóng	동

➡ 권유하거나 부탁할 때 존경을 표현하는 〈Xin mời 씬머이〉

'mời'는 원래 '초대하다, 초청하다'라는 뜻을 가진 동사이다. 격식을 갖춰야 하는 상황에서 가벼운 권유나 명령을 표현할 때 "Xin mời + 상대방 + 동사"의 형태로 사용할 수 있다. 격식을 차리면서 편하게 대화할 때에는 'mời'만 써도 무관하다.

> 예
> - 앉으세요. **Xin mời anh/chị ngồi.** 씬 머이 아잉/찌 응오이.
> - 어서 오십시오. **Xin mời anh/chị vào.** 씬 머이 아잉/찌 바오.
> - 커피를 드세요. **Mời anh/chị dùng cà phê.** 머이 아잉/찌 중 까 페.
> - 차를 타세요. **Mời anh/chị lên xe.** 머이 아잉/찌 렌 쌔.

➡ 격식을 갖추고 성명을 묻기 위한 〈quý danh 뀌 자잉〉

격식을 갖춘 장소나 상황에서 상대방의 성명을 정중하게 물어볼 때 'tên 뗀'을 대신해 'Quý danh 뀌 자잉 (성함)'을 사용해서 물어본다.

> 예
> - A: 실례지만 성함이 무엇인가요?
>   **Xin lỗi, quý danh của ông là gì ạ?** 씬 로이, 뀌 자잉 꾸오 옹 라 지 아?
>   B: 제 이름은 남입니다. **Tôi tên là Nam.** 또이 뗀 라 남.
> - A: 실례지만 선생님 성함이 무엇인가요?
>   **Xin cô cho biết quý danh ạ.** 씬 꼬 쪼 비엣 뀌 자잉 아.
>   B: 제 이름은 투짱입니다. **Tôi tên là Thu Trang.** 또이 뗀 라 투 짱.

➡ Nghe nói 응에 노이~ : 제가 듣기로는~

어떤 정보에 따라 어떤 일을 긍정하는 표현이며 한국어의 "~라고 들었다 / 제가 듣기로는"으로 해석할 수 있다.

> 예
> - 달랏은 아름답다고 들었어요. **Nghe nói Đà Lạt rất đẹp.** 응에 노이 다 랏 젓 뎁.
> - 회사에서 사람을 구한다고 들었어요.
>   **Nghe nói công ty cần tuyển người.** 응에 노이 꽁 띠 껀 뚜이엔 응으어이.
> - 당신이 수출입 실장이라고 들었어요.
>   **Nghe nói ông là trưởng phòng xuất nhập khẩu.**
>   응에 노이 옹 라 쯔엉 퐁 쑤엇 녑 커우.

연습하기

1 왼쪽에 표기된 형용사의 반대말을 오른쪽에 쓰자.

A. khác _____

B. ngắn _____

C. đẹp _____

D. nhiều _____

MEMO

베트남 사람의 이름

베트남 사람의 성명은 대부분 3~4 글자로 되어 있다. 이름은 '성 + 중간 이름 + 이름'의 형태로 구성된다. 베트남 사람의 이름에 나타나는 특징 중 하나는 남자의 중간 이름에는 보통 'văn 반[文]'이, 여자의 중간 이름에는 보통 'thị 티[氏]'가 쓰인다는 점이다. 최근에 태어난 아이들은 이러한 옛날 방식을 따르지 않기도 하지만, 베트남인 중 20대 이전 세대의 경우에는 이름에 이러한 특징이 있다. 다음에 나오는 성명을 알아보자.

성명(Họ Tên)	성(Họ)	중간 이름(tên đệm)	이름(tên)
Nguyễn Văn Nhân	Nguyễn	Văn	Nhân
Nguyễn Thị Mai	Nguyễn	Thị	Mai
Trần Minh Nam	Trần	Minh	Nam
Lê Văn Long	Lê	Văn	Long

한국에서 김씨, 박씨, 이씨가 흔하듯 베트남에서 흔한 성은 Nguyễn[阮]씨로 베트남인의 40% 정도를 차지한다. 베트남인을 부를 때는 성으로 부르지 않고 이름으로만 부른다. 또한 직위와 직책과 결합할 때도 일반적으로 이름을 부른다. 공식적인 장소에서는 성명 전체를 직위와 결합해서 부른다. 또한, 이름을 서로 소개할 경우에는 이름을 먼저 소개한 다음에 그 사람의 직위를 밝히는 것이 일반적이다. 예를 들어서 'Xin giới thiệu, đây là ông Lê Văn Long, Phó Giám đốc công ty!(소개해드리겠습니다, 이분은 이사장 레반롱입니다.)같이 일하는 환경에서는 이름 앞에 직업을 붙여서 부를 수 있다.

Giám đốc Lê Văn Long	잠 독 롱	롱 사장님
Trưởng phòng Trần Nam	쯔으엉 퐁 남	남 실장님
Cô Lan	꼬 란	란 선생님
Bác sĩ Tuấn	박 씨 뚜언	뚜언 의사 선생님

베트남에서는 명함을 만들 때 한 면에는 베트남어, 다른 한 면에는 영어로 표기한다. 따라서 사업상 베트남을 방문하는 한국 사람은 영문으로 된 명함을 준비하면 된다.

04 제4과

더이 라 응으어이 푸 짜익 즈 안
Đây là người phụ trách dự án
이분은 사업 담당자입니다

대화

Long
롱:

씬 저이 티에우. 더이 라 아잉 남, 쯔엉 퐁 계 화익 꽁 띠IT 사이 곤 바 라 응으어이 푸 짜익 즈 안.

Xin giới thiệu. Đây là anh Nam, trưởng phòng kế hoạch công ty IT Sài Gòn và là người phụ trách dự án.

소개해드리겠습니다. 이분은 사이공IT 계획부의 팀장이자 이번 계약을 담당한 남 팀장입니다.

Minjung
민정:

쫑 터이 잔 꽈 찌 리엔 락 꽈 이메일, 또이 젓 부이 키 갑 아잉 쯕 띠엡 니으 테 나이.

Trong thời gian qua chỉ liên lạc qua email, tôi rất vui khi gặp anh trực tiếp như thế này.

그동안 메일로만 연락드렸었는데, 이렇게 직접 뵙게 되어 더욱 반갑습니다.

Nam
남:

젓 빙 즈 드억 갑 찌. 히 봉 하이 꽁 띠 쌔 헙 딱 바 꿍 냐우 팟 찌엔.

Rất vinh dự được gặp chị. Hy vọng hai công ty sẽ hợp tác và cùng nhau phát triển.

뵙게 되어서 영광입니다. 두 회사가 협력해서 같이 발전하기를 바랍니다.

Minjung
민정:

또이 꿍 히 봉 버이. 더이 라 즈 안 더우 띠엔 꾸오 꽁 띠 쭝 또이 어 비엣 남. 몽 하이 아잉 꽌 떰 줍 더.

Tôi cũng hy vọng vậy. Đây là dự án đầu tiên của công ty chúng tôi ở Việt Nam. Mong hai anh quan tâm giúp đỡ.

저도 그렇게 되기를 바랍니다. 우리 회사로서는 베트남과 첫 사업인 이번 일에 두 분께서 잘 협조해주실 것을 부탁드립니다.

Nam
남:

브엉, 버이 저 머이 찌 탐 꽌 꽁 띠, 또이 쌔 저이 티에우 깍 년 비엔 쪼 찌. 머이 찌 디 로이 나이.

Vâng, bây giờ mời chị tham quan công ty, tôi sẽ giới thiệu các nhân viên cho chị. Mời chị đi lối này.

그럼 이제, 저희 회사를 함께 둘러보며 직원들을 소개해드리겠습니다. 이쪽으로 함께 가시죠.

- 상품 기획을 담당하고 있는 김민성입니다.

Tôi là Kim Min Seong, phụ trách kế hoạch sản phẩm.
또이 라 김민성 푸 짜익 께 화익 싼 펌.

- 저희 부회장님이십니다.

Đây là Phó chủ tịch của công ty chúng tôi.
더이 라 포 쭈 띡 꾸오 꽁 띠 쭝 또이.

- 이메일로 연락드렸던 사무국장 김미소입니다.

Tôi là Thư kí trưởng Kim Mi Soo, người mà đã liên lạc với anh qua email.
또이 라 트 끼 쯔엉 김미수, 응으어이 마 다 리엔 락 버이 아잉 꽈 이메일.

- 저희 생산 공장을 소개합니다.

Tôi xin giới thiệu nhà máy sản xuất của chúng tôi.
또이 씬 저이 티에우 냐 마이 싼 쑤엇 꾸오 쭝 또이.

- 어느 팀에서 일하십니까?

Anh làm việc ở phòng nào? 아잉 람 비엑 어 퐁 나오?

- 담당하시는 업무에 대해 말씀해주시겠습니까?

Anh có thể nói về công việc mà anh đang phụ trách được không? 아잉 꼬 테 노이 베 꽁 비엑 마 아잉 당 푸 짜익 드억 콩?

- 협력 회사의 김용현 사장님이십니다.

Đây là ông Kim Yong Hun, Giám đốc công ty đối tác.
더이 라 옹 김용훈, 잠 독 꽁 띠 도이 딱.

- 베트남 시장에 투자하고 싶습니다.

Tôi muốn đầu tư vào thị trường Việt Nam.
또이 무온 더우 뜨 바오 티 쯔엉 비엣 남.

- 이번에 협력이 더 잘되기를 희망합니다.

Tôi hy vọng lần này chúng ta sẽ hợp tác tốt.
또이 히 봉 런 나이 쭝 따 쌔 헙 딱 똣.

139

단어

사장	tổng giám đốc	뜨옹 잠 독	사업가	doanh nhân	좌잉 년
회장	chủ tịch	쭈 띡	시장	thị trường	티 쯔엉
부회장	phó chủ tịch	포 쭈 띡	주주	cổ đông	꼬 동
재무 최고 책임자(CFO)	giám đốc tài chính	잠 독 따이 찡	주식회사	công ty cổ phần	꽁 띠 꼬 펀
이사장/ 상무보	phó giám đốc	포 잠 독	의논하다, 토론하다	thảo luận, bàn bạc	타오 루언, 반 박
과장	quản lý	꽌 리	계약	hợp đồng	헙 동
팀장	trưởng phòng	쯔엉 퐁	국무총리	thủ tướng	투 뜨엉
부장	tổng quản lý	뜨옹 꽌 리	대통령	tổng thống	뜨옹 통
사원	nhân viên	년 비엔	국가주석	chủ tịch nước	쭈 띡 느억
비서	thư kí	트 끼	국회	quốc hội	꾸옥 호이
이사회 구성원	thành viên hội đồng quản trị	타잉 비엔 호이 동 꽌 찌	국회의원	uỷ viên quốc hội	위 비엔 꾸옥 호이
회계	kế toán	께 또안	프로젝트	dự án	즈 안

문법과 활용

▶ 관형표현, 관계부사 〈~mà 마~〉

수식어와 피수식어를 연결할 때에는 베트남어 관계부사 '명사/수식받는 자 + mà + 수식 표현'을 사용한다. 수식받는 자가 보어일 경우 ' mà 마'는 필수적으로 쓰이며 주어일 경우 'mà 마'를 생략할 수 있다.

예 - 제 업무는 고객과 연락하는 일입니다.
   Công việc mà tôi phụ trách là liên lạc với khách hàng.
   꽁 비엑 마 또이 푸 짜익 라 리엔 락 버이 카익 항.
   - ① 이분은 남 씨입니다. Đây là anh Nam. 더이 라 아잉 남.
   ② 남 씨가 이 프로젝트를 담당할 것입니다.
   Anh Nam sẽ phụ trách dự án này. 아잉 남 쌔 푸 짜익 즈 안 나이.
   ① + ② 이분은 이 프로젝트를 담당할 남 씨입니다.
   Đây là anh Nam, người sẽ phụ trách dự án này.
   더이 라 아잉 남, 응으어이 쌔 푸 짜익 즈 안 나이.

- ① 저분은 투이 선생님입니다. Kia là cô Thuỷ. 끼어 라 꼬 투이.
  ② 어제 투이 선생님을 만났어요. Hôm qua, tôi đã gặp cô Thuỷ. 홈 꽈, 또이 다 갑 꼬 투이.
  ① + ② 어제 제가 만났던 분은 투이 선생님입니다.
     Hôm qua, người mà tôi đã gặp là cô Thuỷ.
     홈 꽈, 응으어이 마 또이 다 갑 라 꼬 투이.

의문사 〈 ~à 아〉

'~à' 의문사는 문장의 끝에 위치한다. 대화에서 노출된 정보를 통해서 어떤 사실을 알게 되었을 때 약간 놀라움을 동반한 채 그 사실을 확인하기 위해 사용한다.

- 이분이 당신의 여동생이세요? Đây là em gái của chị à? 더이 라 앰 가이 꾸오 찌 아?
- 운전할 줄 모르세요? Chị không biết lái xe à? 찌 콩 비엣 라이 쌔 아?
- 커피를 안 드세요? Anh không uống cà phê à? 아잉 콩 우옹 까 페 아?

'Cho 쪼'의 용법

'Cho'는 '주다'라는 의미를 가진 동사로 문장에서 위치에 따라 다양한 어법으로 사용할 수 있다.

동사 + Cho + 수령자 ~에게/께 주다/드리다

- 그가 나에게 책을 두 권 선물했어요.
  Anh ấy tặng cho tôi 2 quyển sách. 아잉 어이 땅 쪼 또이 하이 꾸엔 싸익.
- 남 씨가 마이 씨에게 꽃을 선물했어요.
  Anh Nam tặng hoa cho cô Mai. 아잉 남 땅 화 쪼 꼬 마이.
- 롱 씨가 민정 씨에게 명함을 건네줬어요.
  Ông Long đưa danh thiếp cho chị Minjung. 옹 롱 드어 자잉 티엡 쪼 찌 민정.

허락: ~하게 해주다 Cho + 명사/대명사 + 동사

- 부모님께서 제가 그녀와 결혼하는 것을 허락해주셨어요.
  Bố mẹ cho tôi cưới cô ấy. 보 메 쪼 또이 끄어이 꼬 어이.
- 비서가 저를 사장님과 만나게 해주었어요.
  Thư kí đã cho tôi gặp giám đốc công ty. 트 끼 다 쪼 또이 갑 잠 독 꽁 띠.
- 정부는 회사에 이 시장에 대한 투자 허가를 해주지 않아요.
  Chính phủ không cho công ty đầu tư vào thị trường này.
  찡 푸 콩 쪼 꽁 띠 더우 뜨 바오 티 쯔엉 나이.

연습하기

1. 밑줄 친 부분을 바꿔 연습하자.

Tôi là <u>trưởng phòng xuất nhập khẩu</u> của <u>Công ty Sơn Hải</u>.

A. Thư kí, Công ty thương mại Phát Lâm.

B. Kế toán, Công ty cổ phần Mai Linh.

C. Giám đốc, Tập đoàn Hoà Phát.

2. 주어진 단어를 골라서 빈칸을 채워보자.

〈보기〉 mà, cho, trưởng phòng, được

A. Rất hân hạnh (　　　) gặp anh.
만나서 반갑습니다.

B. Người (　　　) tôi gặp ở sân bay là anh Nam.
공항에서 만난 사람은 남 씨입니다.

C. Tôi là (　　　) xuất nhập khẩu của công ty ITSài Gòn.
사이공IT 회사 수출입 실장입니다.

D. Anh Nam tặng (　　　) chị Mai quyển sách.
남 씨가 마이 씨에게 책을 선물했습니다.

베트남 정부 조직도 Sơ đồ tổ chức Chính phủ Việt Nam

베트남은 사회주의공화국으로 삼권 분립제이다. 즉, 중앙정부의 권력은 크게 입법부, 사법부, 행정부의 3가지 기관으로 구성되어 있는데, 그중 공산당이 유일한 정당으로서 국가를 통치하는 당이다.

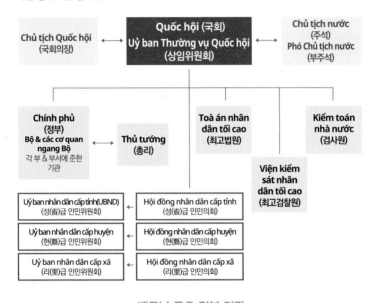

베트남 주요 정부 기관

1. 내무부 Bội Nội vụ
2. 재무부 Bộ Tài chính
3. 외교부 Bộ Ngoại giao
4. 교육부 Bộ Giáo dục
5. 기획투자부 Bộ Kế hoạch và Đầu tư
6. 노동부 Bộ Lao động
7. 산업부 Bộ Công nghiệp
8. 문화관광부 Bộ Văn hoá, Thể thao và Du lịch
9. 보건부 Bộ Y tế
10. 통상부 Bộ Công thương

대화

Minjung
민정:
꽁 띠 꼬리아IT허브 드억 타잉 럽 바오 남 못 응인 찐 짬 찐 므어이 람, 쭈이엔 베 쑤엇 녑 코우 짱 티엣 비 링 북 IT 바 팟 찌엔 갬.

Công ty Korea IT Hub được thành lập vào năm 1995, chuyên về xuất nhập khẩu trang thiết bị lĩnh vực IT và phát triển game.

저희 IT허브코리아는 1995년에 설립되었으며, IT 분야 장비 수출입과 게임 개발을 주업무로 하고 있습니다.

Long
롱:
꿰 모 꽁 띠 테 나오?

Quy mô công ty thế nào?

규모가 어느 정도인가요?

Minjung
민정:
쭝 또이 꼬 바 짬 년 비엔, 본 찌 냐잉 어 깍 타잉 포 런 꾸오 한 꾸옥.

Chúng tôi có 300 nhân viên, 4 chi nhánh ở các thành phố lớn của Hàn Quốc.

총 300명의 직원이 있으며, 한국의 주요 도시 네 곳에 지점이 있습니다.

Long
롱:
오, 꿰 모 꾸오 꽁 띠 런 꽤! 또 쯕 니으 못 좌잉 응이엡 런.

Ồ, quy mô của công ty lớn quá! Tổ chức như một doanh nghiệp lớn.

와, 회사의 규모가 크군요. 대기업처럼 조직화가 잘된 것 같습니다.

Minjung
민정:
깜 언 아잉. 비 직 부 갬 꾸오 꽁 띠 쭝 또이 젓 노이 띠엥 어 한 꾸옥.

Cám ơn anh. Vì dịch vụ game của công ty chúng tôi rất nổi tiếng ở Hàn Quốc.

감사합니다. 저희가 개발한 게임이 인기를 얻은 덕분입니다.

Long
롱:
티엣 비 갬 드억 싼 쑤엇 쯔억 띠엡 따이 꼬리아 IT 허브 파이 콩?

Thiết bị game được sản xuất trực tiếp tại Korea IT Hub phải không?

IT허브코리아에서 직접 생산하는 장비들도 있나요?

Minjung
민정:

자 콩. 또안 보 티엣 비 드억 녑 코우.

Dạ không. Toàn bộ thiết bị được nhập khẩu.

아닙니다. 장비는 전량 수입하고 있습니다.

Long
롱:

씬 호이, 좌잉 투 항 남 꾸오 꽁 띠테 나오?

Xin hỏi, doanh thu hàng năm của công ty thế nào?

실례지만, 연간 매출액이 어느 정도인가요?

Minjung
민정:

좌잉 투 남 응와이 라 남 므어이 띠 원.

Doanh thu năm ngoái là 50 tỉ won.

지난해에는 매출이 500억 원이었습니다.

유용한 표현

- 저희 회사는 2015년에 설립되었습니다.

Công ty chúng tôi được thành lập vào năm 2015.
꽁 띠 쭝 또이 드억 타잉 럽 바오 남 하이 응인 콩 짬 므어이 람.

- 저희 회사는 주식회사입니다.

Công ty chúng tôi là công ty cổ phần. 꽁 띠 쭝 또이 라 꽁 띠 꼬펀.

- 저희 회사는 유한책임회사의 일원입니다.

Công ty chúng tôi là công ty trách nhiệm hữu hạn một thành viên. 꽁 띠 쭝 또이 라 꽁 띠 짜익 니엠 흐우 한 못 타잉 비엔.

- 전 세계 20개국에 저희 제품이 판매되고 있습니다.

Sản phẩm chúng tôi được bán ở 20 quốc gia trên toàn thế giới. 산 펌 쭝 또이 드억 반 어 하이 므어이 꾹옥 자 쩬 또안 테 저이.

- 10여 종의 제품을 수출하고 있습니다.

Chúng tôi đang xuất khẩu hơn 10 loại sản phẩm. 쭝 또이 당 쑤엇 커우 헌 므어이 로아이 산 펌.

- 7개국에 해외 지사가 있으며 20개의 국내 지사가 있습니다.

Chúng tôi có 7 chi nhánh ở nước ngoài và 20 chi nhánh trong nước. 쭝 또이 꼬 바이 찌 냐잉 어 느억 응와이 바 하이 므어이 찌 냐잉 쫑 느억.

- 제조업 분야에서 한국 내 1~2위를 다투는 기업입니다.

Chúng tôi là doanh nghiệp cạnh tranh vị trí 1 và 2 tại Hàn Quốc trong ngành chế tạo. 쭝 또이 라 좌잉 응이엡 까잉 짜잉 비 찌 1 바 2 따이 한 꾸옥 쫑 응아잉 쩨 따오.

- 저희는 국내보다 해외에 더 많은 직원을 둔 비정부 기관입니다.

Công ty chúng tôi là tổ chức phi chính phủ có nhân viên ở nước ngoài nhiều hơn ở trong nước. 꽁 띠 쭝 또이 라 또 쯕 피 찡 푸 꼬 년 비엔 어 느억 응와이 니에우 헌 어 쫑 느억.

- 현재 베트남의 일곱 군데 지역에서 프로젝트를 진행 중입니다.

Hiện tại chúng tôi đang tiến hành dự án ở 7 khu vực của Việt Nam. 히엔 따이 쭝 또이 당 띠엔 하잉 즈 안 어 바이 쿠 븍 꾸오 비엣 남.

- 베트남 NGO들과 협업하여 활동합니다.

Chúng tôi đang phối hợp hoạt động cùng với các tổ chức NGO Việt Nam. 쭝 또이 당 포이 헙 홧 동 꿍 버이 깍 또 쯕 NGO 비엣 남.

- 교육과 보건 사업을 주로 하고 있습니다.

Chúng tôi đang làm các dự án về giáo dục và chăm sóc sức khoẻ. 쭝 또이 당 람 깍 즈 안 베 자오 즈욱 바 짬 쏙 쓱 쾌.

단어

정기적인	định kỳ	딩 끼	필수	cần thiết	껀 티엣
경쟁	cạnh tranh	까잉 짜잉	분야	lĩnh vực	링 븍
설비	thiết bị	티엣 비	본사	trụ sở chính	쭈 써 찡
매출	doanh thu	좌잉 투	계열사	công ty con	꽁 띠 꼰
지사	chi nhánh	찌 냐잉	유명한	nổi tiếng	노이 띠엥
보호	bảo hộ	바오 호	이자	lãi	라이
후원	ủng hộ / tài trợ	웅호 / 따이 쩌	선호하다	ưa chuộng	으어 쭈옹
허가	cho phép	쪼 펩	생산하다	sản xuất	싼 쑤엇
제조업	ngành chế tạo	응아잉 쩨 따오	필요하다	cần thiết	껀 티엣
무역업	ngành mậu dịch	응아잉 머우 직	수입하다	nhập khẩu	녑 커우
유통업	ngành phân phối	응아잉 펀 포이	수출하다	xuất khẩu	쑤엇 커우
상업	thương nghiệp	트엉 응이엡	협력하다	hợp tác	헙 딱
농업	nông nghiệp	농 응이엡	제휴하다	hợp tác	헙 딱
관광업	ngành du lịch	응아잉 주 릭	판매하다	bán	반
NGO	tổ chức phi chính phủ	또 쯕 피 찡 푸	설립하다	thành lập	타잉 럽

146

➡ 베트남어 부요소 및 전치사
<của, ở, cho, vào, lúc, về, liên quan đến>

~의	của~ 꾸오	이분은 제 베트남어 선생님입니다. **Đây là giáo viên tiếng Việt của tôi.** 더이 라 자오 비엔 띠엥 비엣 꾸오 또이.
~에(시간)	vào~ 바오	올 봄에 베트남에 갈 겁니다. **Tôi sẽ đi Việt Nam vào mùa xuân năm nay.** 또이 쌔 디 비엣 남 바오 무오 쑤언 남 나이.
	lúc~ 룩	아침 9시에 회의를 진행합니다. **Cuộc họp diễn ra lúc 9 giờ sáng.** 꾸옥 홉 지엔 자 룩 찐 저 쌍.
~에(서)	ở~ 어	다낭에 살아요. **Tôi sống ở Đà Nẵng.** 또이 쏭 어 다 낭.
~에/에게	cho~ 쪼	남 씨가 사장님께 계획을 보고합니다. **Anh Nam báo cáo kế hoạch cho giám đốc.** 아잉 남 보오 까오 께 화익 쪼 잠 독. 저에게 전화해주세요. **Hãy gọi điện thoại cho tôi.** 하이 고이 디엔 톼이 쪼 또이.
~에 대해	về~ 베	민정 씨는 베트남 게임 시장에 대해 연구하러 왔습니다. **Cô Minjung đến để nghiên cứu về thị trường game Việt Nam.** 꼬 민정 덴 데 응이엔 끄우 베 티 쯔엉 겜 비엣 남.
~에 관련하여	liên quan đến 리엔 꽌 덴~	저희 회사는 직원 교육 및 양성을 담당하는 회사입니다. **Chúng tôi là công ty liên quan đến giáo dục và đào tạo.** 쭝 또이 라 꽁 띠 리엔 꽌 덴 자오 죽 바 다오 따오. 이 일은 회사의 매출과 관계된 일이에요. **Việc này liên quan đến doanh thu của công ty.** 비엑 나이 리엔 꽌 덴 좌잉 투 꾸오 꽁 띠.

➡ 'được 드억', 'bị 비'의 용법

피동형을 가리키는 'được/bị'는 동사 앞에 위치하는데, 'được'은 좋은 뜻을 표현할 때 사용하고 'bị'는 일반적으로 자기가 원하지 않는 일을 겪는 부정적인 상황에서 사용한다.

– 전 세계 20개국에 저희 제품이 판매되고 있습니다.

Sản phẩm của công ty chúng tôi được bán ở 20 quốc gia trên thế giới.
싼 펌 꾸오 꽁 띠 쭝 또이 드억 반 어 하이 므어이 꾸옥 자 쩬 테 저이.

– 한국 화장품은 베트남에서 선호되고 있습니다.

Mỹ phẩm Hàn Quốc đang được ưa chuộng ở Việt Nam.
미 펌 한 꾸옥 당 드억 으어 쭈옹 어 비엣 남.

– 올해 우리 회사의 매출이 감소되었어요.

Doanh thu năm nay của công ty chúng tôi bị giảm.
좌잉 투 남 나이 꾸오 꽁 띠 쭝 또이 비 잠.

– 지난달 상품은 반품되었습니다.

Lô hàng tháng trước bị trả lại. 로 항 탕 쯔억 비 짜 라이.

– 그는 해고 당했어요. **Anh ấy bị đuổi việc.** 아잉 어이 비 두오이 비엑.

– 충 씨가 사람들에게 사랑을 받습니다.

Anh Trung được mọi người yêu mến.
아잉 쭝 드억 모이 응으어이 이에우 멘.

– 민정 씨가 상사한테 칭찬을 받았습니다.

Chị Minjung được cấp trên khen. 찌 민정 드억 껍 쩬 캔.

– 그는 공안에게 벌을 받았습니다.

Anh ấy bị công an phạt. 아잉 어이 비 꽁 안 팟.

연습하기

1 **다음 단어를 베트남어로 써보자.**

A. 제조업 _____   E. 수출입 _____

B. 관광업 _____   F. 합작, 협력 _____

C. 농업 _____   G. 투자 _____

D. 무역업 _____   H. 설립 _____

베트남의 주요 기업

- Vingroup 빈그룹: 부동산, 유통, 관광
- Vinamilk 비나밀크: 우유, 유제품
- VINAFOOD II 비나푸드: 식품
- Vietcombank 비엣콤뱅크: 금융
- Thaco-Truong Hai auto 타코: 자동차
- HOA SEN group 화센 그룹: 철강
- BAOVIET LIFE 바오비엣리프: 금융, 보험
- FPT: 통신
- Mobiphone 모비폰: 통신
- Viettel 비엣텔: 통신
- Petro Vietnam 페트로비엣남: 석유, 가스
- EVN 이비엔: 전기, 전력
- Vietnam airline 베트남 항공: 항공
- SABECO(Saigon beer alcohol beverage corporation) 사베코: 음료
- SAIGON CO.OP 사이공 코업: 유통

 BY TuanUt

기업 조직도
Tổ chức Doanh nghiệp

위 도표는 베트남의 가장 기본적인 기업의 조직도이며 주식회사가 아닌 유한책임회사의 조직도이다. 회사의 규모가 클수록 조직이 더 복잡해지고 대표이사 외에 회장 및 임원들이 있다. 베트남의 회사는 주로 부서(Department) 단위로 구성되어 있으며, 각 부서는 회사의 한 영역을 담당한다.

06 | 제6과

또이 딩 띠엔 하잉 즈 안 머이
Tôi định tiến hành dự án mới
새로운 사업을 진행하려고 합니다

대화

Minjung
민정:
또이 딩 띠엔 하잉 즈 안 머이 어 비엣 남 쫑 남 나이.
Tôi định tiến hành dự án mới ở Việt Nam trong năm nay.
올해는 베트남에서 새로운 사업을 진행하려고 합니다.

Long
롱:
버이 아? 찌 당 쭈언 비 즈 안 지 버이?
Vậy à? Chị đang chuẩn bị dự án gì vậy?
그래요? 어떤 사업을 준비 중이신가요?

Minjung
민정:
또이 당 쭈언 비 즈 안 갬 특 떼 아오 버이 보이 까잉 티엔 니엔 비엣 남.
Tôi đang chuẩn bị dự án game thực tế ảo với bối cảnh thiên nhiên Việt Nam.
베트남의 자연경관을 배경으로 한 VR 기반 게임을 준비 중입니다.

Long
롱:
응에 헙 전 꽈! 찌 딩 러이 보이 까잉 어 더우?
Nghe hấp dẫn quá! Chị định lấy bối cảnh ở đâu?
오, 흥미로운 일인데요! 생각하시는 장소가 있나요?

Minjung
민정:
어 하이 디어 디엠 꼬 니에우 카익 주 릭 라 항 썬덩 바 빙 하 롱.
Ở hai địa điểm có nhiều khách du lịch là hang Sơn Đoòng và Vịnh Hạ Long.
관광객들이 많이 찾는 썬덩(Son Doong) 동굴과 하롱바이(Ha Long bay)를 생각하고 있습니다.

Long
롱:

다 낭 바 호이 안 꿍 라 하이 디어 디엠 주 릭 노이 띠엥.

Đà Nẵng và Hội An cũng là hai địa điểm du lịch nổi tiếng.

다낭과 호이안 지역도 관광지로 유명합니다.

Minjung
민정:

오, 버이 아? 깜 언 아잉 다 쪼 또이 통 띤 보 익. 꼰 계 화익 남 나이 꾸오 IT 사이 곤 라 지 아?

Ồ, vậy à? Cám ơn anh đã cho tôi thông tin bổ ích. Còn kế hoạch năm nay của IT Sài Gòn là gì ạ?

아! 그렇군요! 좋은 정보 감사합니다. 사이공IT의 올해 계획은 무엇인가요?

Long
롱:

쭝 또이 꼬 계 화익 써이 증 못 비엔 응이엔 끄우 어 다이 혹 다 낭.

Chúng tôi có kế hoạch xây dựng một viện nghiên cứu ở Đại học Đà Nẵng.

저희는 다낭 대학에 연구소를 설립할 계획입니다.

유용한 표현

- 베트남의 수도는 하노이입니다.
  Thủ đô của Việt Nam là Hà Nội. 투 도 꾸오 비엣 남 라 하 노이.
- 베트남은 몇 개의 도로 나뉘어 있나요?
  Việt Nam có bao nhiêu tỉnh thành? 비엣 남 꼬 바오 니에우 띵 타잉?
- 하이퐁에서 사업을 진행하고 싶습니다.
  Tôi muốn tiến hành dự án ở Hải Phòng.
  또이 무온 띠엔 하잉 즈 안 어 하이 퐁.
- 달랏은 람동성에 있습니다.
  Thành phố Đà Lạt thuộc tỉnh Lâm Đồng. 타잉 포 다 랏 투옥 띵 람 동.
- 타이응웬 지역에 대해 알고 싶습니다.
  Tôi muốn biết về khu vực Thái Nguyên. 또이 무온 비엣 베 쿠 븍 타이 웬.
- 베트남과 중국의 국경지역의 이름이 무엇입니까?
  Tên khu vực biên giới Việt Nam-Trung Quốc là gì?
  뗀 쿠 븍 비엔 저이 비엣 남-쭝 꾸옥 라 지?
- 관광객이 가장 많이 찾는 곳은 어디인가요?
  Nơi nào thu hút nhiều khách du lịch?
  너이 나오 투 훗 니에우 카익 주 릭?

남부 지역	miền nam	미엔 남	중부 지역	miền trung	미엔 쭝
북부 지역	miền bắc	미엔 박	동/남/서/북	đông/nam/tây/bắc	동/남/떠이/박
시(city), 도시	thành phố	타잉 포	강	sông	쏭
구(Zone)	vùng / khu vực	붕 / 쿠 븍	산	núi	누이
현(district)	huyện	후이엔	숲	rừng	증
구	quận	꾸언	지점/장소	địa điểm	디어 디엠
리/읍	xã	싸	동네	phường	프엉
고원지역	khu vực cao nguyên	쿠 븍 까오 웬	지역	khu vực/miền	쿠 븍/미엔
산악지역	miền núi	미엔 누이	연구소	Viện nghiên cứu	비엔 응이엔 끄우
평야지역	miền đồng bằng	미엔 동 방	토론하다	thảo luận	타오 루언
자연	thiên nhiên	티엔 느이엔	주의를 끌다/매력적이다	thu hút	투 훗
환경	môi trường	모이 쯔엉	영향을 미치다	ảnh hưởng đến~	아잉 흐엉 덴
~에 속하다	thuộc~	투옥	배경	bối cảnh	보이 까잉

➡️ 베트남어 부요소 및 전치사 2:
<cũng, từ~đến, không những ···mà còn, các/những>

~도	cũng~ 꿍	저도 힘들어요. Tôi cũng mệt mỏi. 또이 꿍 멧 모이.
~로부터	từ ~ 뜨	내일부터 갈 수 있어요. Từ ngày mai tôi có thể đi được. 뜨 응아이 마이 또이 꼬 테 디 드억.
~까지	đến~ 덴	내년까지 베트남에서 일해요. Tôi sẽ làm việc ở Việt Nam đến năm sau. 또이 쌔 람 비엑 어 비엣 남 덴 남 싸우.
~뿐만 아니라	không những 콩느응 ~mà còn 마꼰	여기는 물뿐만 아니라 식품도 부족합니다. Ở đây không những thiếu nước mà còn thiếu lương thực. 어 더이 콩 느이응 티에우 느억 마 꼰 티에우 르엉 특.

~들(복수)	các~ 깍	사이공IT 회사의 직원들은 매우 창조적입니다. Các nhân viên của công ty IT Sài Gòn rất sáng tạo. 깍 년 비엔 꾸오 꽁 띠 아이티 사이 곤 젓 쌍 따오.
	những~ 느이응	열심히 하는 사람들이 성공할 것입니다. Những người chăm chỉ sẽ thành công. 느이응 응으어이 짬 찌 쌔 타잉 꽁.

 '**Định** 딩'의 용법

어떤 일을 할 계획 또는 예정을 표현할 때 〈'định 딩' + 동사〉의 표현을 사용한다.

 – 내년에 베트남을 여행할 예정입니다.
Năm sau tôi định đi du lịch Việt Nam. 남 싸우 또이 딩 디 주 릭 비엣 남.
– 올해는 베트남 시장에 투자할 예정입니다.
Năm nay tôi định đầu tư vào thị trường Việt Nam.
남 나이 또이 딩 더우 뜨 바오 티 쯔엉 비엣 남.

연습하기

1 지도에서 'Quảng Nam 꽝남' 지역을 찾아보자.

지형에 따른 베트남의 민족 특성 1: 북부 지역

베트남에는 54개의 민족이 있다. 각 민족과 지역에 따라 문화 차이가 나타나는데, 크게 북부 Bắc Bộ 문화지역, 중부 Trung Bộ 문화지역, 남부 Nam Bộ 문화지역으로 나눌 수 있다.

베트남의 북부 지역은 하노이 일대를 주요 배경으로 홍하 유역의 남딩 Nam Định, 하떠이 Hà Tây, 박닝 Bắc Ninh, 하이즈엉 Hải Dương, 타이빙 Thái Bình, 타이웬 Thái Nguyên, 하이퐁 Hải Phòng과 푸토 Phú Thọ, 빙푹 Vĩnh Phúc 등 대부분의 평야를 포함한다. 이 지역은 오래전부터 베트남 문화의 뿌리가 형성된 곳으로 역사가 가장 오래된 곳이다. 베트남의 다른 지역보다 중국을 비롯한 동아시아 문화권과 지리적으로 가장 가까운 지역이기도 하다. 지형적 특징으로 인해 외부 침략을 가장 먼저 받는 곳이기도 하지만, 다른 문화를 수용하는 데 지정학적으로 편리한 위치이기도 하다.

이 지역은 인구밀도가 높은 반면 자기, 방식업, 종이 제작, 옷감 제작 등 일상생활 용품을 제작하는 가내수공업과 수공예품을 판매하는 상업이 다른 지역에 비해 매우 발달하였다. 북부 지역 농촌의 기본 행정 단위는 랑 Làng이며, 빈부 격차가 비교적 적은 편이다. 이 지역은 중부나 남부 지역보다 음식이 짜다(베트남의 북부 지역 음식은 짠맛, 중부 지역 음식은 매운맛, 남부 지역 음식은 단맛이 특징이다).

현재 북부 지역의 중심인 하노이는 베트남의 수도로 문화적·정치적 중심지이다. 북부 지역은 오랜 역사와 전통을 자랑하며 인근 지역의 문화에도 영향을 미쳤다. 북부 지역 주민들은 근면하고 전통문화와 교육, 과거를 중시해 지식층 및 지도자가 많은 편이며, 예의와 체면을 중시한다. 특히 북부 지역은 유교 문화가 여전히 자리 잡고 있어 한국과 문화적으로 공통점이 많고 사람의 성격도 어느 정도 융합할 수 있어서 한국 기업들은 이 지역을 선호한다. 한국의 주요 기업인 삼성도 이 지역에 속한 타이응웬 Thái Nguyên과 박닌 Bắc Ninh에서 사업을 운영 중이다.

또한 북부 지역에서는 하롱베이 Vịnh Hạ Long, 땀꼭 Tam Cốc 등 석회암으로 이루어진 독특하고 아름다운 풍경을 많이 볼 수 있는데 모두 세계적인 관광 명소이다.

07 | 제7과

쭝 따 녠 쫀 쿠 붐 나오 니이?
Chúng ta nên chọn khu vực nào nhỉ?
어느 지역으로 정하는 것이 좋을까요?

대화

민정:

런 나이 쭝 또이 무온 데 응이 버이 꽁 띠 IT 사이 곤 베 비엑 헙 딱 팟 찌엔 쯔엉 찡 갬 특 떼 아오.

Lần này chúng tôi muốn đề nghị với công ty IT Sài Gòn về việc hợp tác phát triển chương trình game thực tế ảo.

저희는 이번에 사이공IT에 VR 게임 개발 제휴를 제안하고 싶습니다.

롱:

씬 로이, 찌 꼬 테 자이 틱 꾸 테 헌 드억 콩?

Xin lỗi, chị có thể giải thích cụ thể hơn được không?

죄송합니다만, 좀 더 구체적으로 설명해주실 수 있나요?

Minjung
민정:

쯔억 띠엔, 또이 딩 팟 찌엔 쯔엉 찡 갬 버이 보이 까잉 주 릭 마오 히엠, 응어어이 쩌이 꼬 테 짜이 응이엠 깍 탕 까잉 뎁 바 노이 띠엥 꾸오 비엣 남. 히엔 나이, 또이 당 렌 이 뜨엉 베 깍 느이엠 부 마 응어이 쩌이 꼬 테 특 히엔.

Trước tiên, tôi định phát triển chương trình game với bối cảnh du lịch mạo hiểm, người chơi có thể trải nghiệm các thắng cảnh đẹp và nổi tiếng của Việt Nam. Hiện nay, tôi đang lên ý tưởng về các nhiệm vụ mà người chơi có thể thực hiện.

우선 모험할 수 있는 여행 코스를 배경으로 베트남의 아름답고 유명한 관광지를 간접 체험할 수 있게 설계할 예정입니다. 관광하면서 실제로 수행할 수 있는 미션도 구상 중입니다.

Long
롱:

버이, 리 조 찌 무온 헙 딱 버이 꽁 띠 쭝 또이 라 지?

Vậy lý do chị muốn hợp tác với công ty chúng tôi là gì?

저희 회사와 제휴하고자 하는 특별한 이유가 있습니까?

Minjung
민정:

또이 응이 장 뗀 뚜오이 바 쓰 아잉 흐엉 꾸오 꽁 띠 IT 사이 곤 쌔 줍 쭝 또이 쫑즈 안 나이.

Tôi nghĩ rằng tên tuổi và sự ảnh hưởng của công ty IT Sài Gòn sẽ giúp chúng tôi trong dự án này.

사이꽁IT의 영향력이 저희 게임을 홍보하는 데 큰 도움이 될 거라고 생각하기 때문입니다.

Long
롱:

ㄴ이응, 니으 찌 비엣, 덴 나이 꽁 띠 쭝 또이 쯔어 닷 타잉 꽁 런 쫑 링 브억 갬.

Nhưng, như chị biết, đến nay công ty chúng tôi chưa đạt thành công lớn trong lĩnh vực game.

하지만 아시다시피, 저희는 아직까지 게임 분야에서는 큰 성과를 거두지 못했습니다.

Minjung
민정:

꿔 비 등 로 랑, 네우 동이, 쭝 또이 쌔 끄 하이 럽 찡 비엔 트엉 쭈 꼬 낭 륵 쌍 비엣 남.

Quý vị đừng lo lắng, nếu đồng ý, chúng tôi sẽ cử 2 lập trình viên thường trú có năng lực sang Việt Nam.

걱정하지 않으셔도 됩니다. 동의하신다면, 베트남에 상주할 능력 있는 프로그래머 두 명을 파견할 예정입니다.

Long
롱:

오, 도이 버이 쭝 또이 더이 라 데 응이 젓 따오 바오.

Ồ, đối với chúng tôi đây là đề nghị rất táo bạo.

와, 저희에게는 파격적인 제안인 것 같습니다.

156

- 베트남의 도시 중 수출입업을 하기에 좋은 도시는 어디입니까?

Thành phố nào ở Việt Nam có thể phát triển công nghiệp xuất nhập khẩu? 타잉 포 나오 어 비엣 남 꼬 테 팟 찌엔 꽁 응이엡 쑤엇 녑 커우?

- 국제공항이 있는 도시는 어디입니까?

Thành phố nào có sân bay quốc tế? 타잉 포 나오 꼬 선 바이 꾸옥 떼?

- 베트남에서 산업이 발달한 지역을 알려주세요.

Xin anh/chị cho biết khu vực nào ở Việt Nam có công nghiệp phát triển. 씬 아잉/찌 쪼 비엣 쿠 븍 나오 어 비엣 남 꼬 꽁 응이엡 팟 찌엔.

- 호찌민의 소비에 대한 시장조사를 할 예정입니다.

Tôi định điều tra thị trường tiêu dùng của Thành phố Hồ Chí Minh. 또이 딩 디에우 짜 티 쯔엉 띠에우 중 꾸오 타잉 포 호 찌 민.

- 유통이 편리한 지역을 추천해주십시오.

Xin hãy giới thiệu cho tôi khu vực phân phối hàng hoá thuận tiện. 씬 하이 저이 티에우 쪼 또이 쿠 븍 펀 포이 항 화 투언 띠엔.

- INGO의 사업장은 어느 지역에 많이 있나요?

Khu vực nào có nhiều dự án INGO? 쿠 븍 나오 꼬 니에우 즈 안 INGO?

- 저희 기관이 여성교육 사업을 하려면 어느 지역이 좋을까요?

Nếu cơ quan chúng tôi muốn làm dự án về giáo dục đào tạo cho phụ nữ thì nên làm ở khu vực nào? 네우 꺼 꽌 쭝 또이 무온 람 즈 안 베 자오 죽 다오 따오 쪼 푸 느 티 넨 람 어 쿠 븍 나오?

- 이 지역에 꼭 필요한 시설은 무엇입니까?

Ở khu vực này cần những trang thiết bị gì? 어 쿠 븍 나이 껀 느이응 짱 티엣 비 지?

면접	phỏng vấn	퐁 번	기반산업	công nghiệp hạ tầng	꽁 응이엡 하 떵
제안	đề nghị	데 응이	상주	thường trú	트엉 쭈
시장조사	điều tra thị trường	디에우 짜 티 쯔엉	조사하다	điều tra	디에우 짜

157

관찰	quan sát	꽌 쌋	구상하다	lên ý tưởng	렌 이 뜨엉
분석	phân tích	펀 띡	성공하다	thành công	타잉 꽁
통계	thống kê	트옹 께	실패하다	thất bại	텃 바이
통계자료	tài liệu thống kê	따이 리에우 트옹 께	도달하다 / 얻다(성공)	đạt	닷
예측	dự đoán	즈 도안	(정보를) 수집하다	thu thập tài liệu	투 텁 따이 리에우
인구	dân số	전 쏘	파견하다	phái/cử	파이/끄
프로그래머	lập trình viên	럽 찡 비엔	투자하다	đầu tư	더우 뜨
기반시설	hạ tầng cơ sở	하 떵 꺼 써	추천하다	giới thiệu / đề cử	저이 티에우/ 데 끄

➡ 익혀두면 좋은 관용구문

~하면서	vừa 브어 + 동사1 / 형용사1 + vừa 브어 + 동사2 / 형용사2
	– 우리는 커피를 마시면서 의논합니다. **Chúng tôi vừa uống cà phê vừa thảo luận.** 쭝 또이 브어 우옹 까 페 브어 타오 루언. – 일도 잘하면서 착합니다. **Cô ấy vừa giỏi vừa hiền.** 꼬 어이 브어 조이 브어 히엔.
그렇기 때문에 그래서, 그러니까	Vì vậy, vì thế 비 버이/비 테
	– 이런 이유로 귀사와 제휴하고 싶습니다. **Vì thế, chúng tôi muốn hợp tác với công ty anh.** 비 테, 쭝 또이 무온 헙 딱 버이 꽁 띠 아잉. – 그래서 베트남에 출장을 갔습니다. **Vì vậy, tôi đã đi công tác ở Việt Nam.** 비 버이, 또이 다 디 꽁 딱 어 비엣 남. – 그래서 그녀를 만났습니다. **Vì vậy, tôi đã gặp cô ấy.** 비 버이 또이 다 갑 꼬 어이.
이제까지	cho đến nay 쪼덴나이 + 동사, 문장, 구
	– 이제까지 베트남에 여행을 가본 적이 없습니다. **Cho đến nay tôi vẫn chưa đi du lịch ở Việt Nam.** 쪼 덴 나이 또이 번 쯔어 디 주 릭 어 비엣 남.

■➡ 부정명령 '~하지 마세요': 〈Đừng 등 + 동사〉

 – 걱정하지 마세요. Đừng lo. 등 로.
– 고수를 넣지 마세요. Đừng bỏ rau mùi(ngò). 등 보 자우 무이(응오).
– 가지 마세요. Đừng đi. 등 디.
– 말하지 마세요. Đừng nói. 등 노이.
– 담배를 피우지 마세요. Đừng hút thuốc. 등 훗 투옥.

연습하기

 다음 문장을 베트남어로 쓰고 말해보자.

A. 국제공항이 있는 도시는 어디입니까?

_____

B. 베트남에서 산업이 발달한 지역을 알려주세요.

_____

C. INGO의 사업장은 어느 지역에 많이 있습니까?

_____

D. 이 지역에 꼭 필요한 시설은 무엇입니까?

_____

E. 걱정 마세요.

_____

지형에 따른 베트남의 민족 특성 2: 중부 지역

베트남은 지형이 길고 중부 지역이 북부와 남부를 잇고 있다. 베트남의 중부 지역은 베트남 영토 중 가장 가늘고 좁은 지역으로 다른 지역보다 자연환경이 열악한 편이다. 최근에 외국인에게 관광지로 각광받는 다낭 Đà Nẵng과 호이안 Hội An, 베트남의 고도인 후에 Huế, 꽝빙 Quảng Bình, 꽝찌 Quảng Trị, 꽝남 Quảng Nam 등이 이 지역에 속한다.

이 지역의 동쪽은 바다와 마주하며 서쪽에는 라오스와 캄보디아의 국경이 있다. 특히 이 지역은 지리적으로 위험한 지형으로 서쪽에 있는 쯔엉썬 산맥 Dãy Trường Sơn과 후에와 다낭의 중간에 있는 하이반 고개 Đèo Hải Vân 등 산지가 많다. 이들 산지는 베트남을 남과 북으로 나누는데 각 지역의 기후 차이에도 영향을 미친다. 이러한 이유로 중부 지역은 산악 문화와 해양 문화가 결합하여 지역 문화에 영향을 끼쳤다.

남부 지역은 평야지대에 사람들이 많이 거주하는 반면 중부 지역 사람들은 주로 해안가에 거주하고 있어 매운 음식과 생선 요리가 발달했다. 이 지역에서는 한국처럼 회 등 날생선을 먹기도 한다. 이곳 주민들은 바다의 신, 고래의 신 등을 모시는 등 바다에 대한 존경심이 있다. 또한 열악한 기후 및 어려운 환경의 영향으로 이 지역 사람들은 인내심이 강하고 부지런한 것으로 유명하다.

특히 북중부 지역에 속하는 응에안 Nghệ An, 하띵성 Hà Tĩnh에서는 역사적으로 베트남의 유명한 인물이 많이 탄생하였다. 또한 외부 침략에 저항하는 운동이 자주 일어난 베트남의 역사적인 지역이기도 하다.

08 | 제8과

띠엑 또이: 바오 브어 또이 쭝 따 넨 찌에우 다이 몬 지 느이?

Tiệc tối: Vào bữa tối chúng ta nên chiêu đãi món gì nhỉ?

만찬: 저녁에 무엇을 대접하면 좋을까요?

대화

피엔 직
○ Phiên dịch
통역사:

또이 마이 꼬 민정 머 띠엑 찌에우 다이. 머이 아잉 바 포 잠 독 롱 꿍 덴 즈.
디어 디엠 라 카익 싼 쉐라톤, 룩 바이 저 또이 쭈 녇 뚜언 나이.

Tối mai cô Minjung mở tiệc chiêu đãi. Mời anh và phó giám đốc Long cùng đến dự. Địa điểm là khách sạn Sheraton, lúc 7 giờ tối chủ nhật tuần này.

내일 저녁에 민정 씨 환영 파티를 열겠습니다. 롱 이사장님과 함께 오십시오.
장소는 쉐라톤 호텔이고 시간은 일요일 저녁 7시입니다.

쯔엉 퐁 남
Trưởng
phòng Nam
남 실장:

씬 깜 언 러이 머이 꾸오 꼬 어이. 쭝 또이 쌔 쌉 쎕 터이 잔 데 덴 탐 즈.

Xin cám ơn lời mời của cô ấy. Chúng tôi sẽ sắp xếp thời gian để đến tham dự.

초대해주셔서 감사합니다. 시간 맞춰서 오겠습니다.

Minjung
민정:

짜오 믕 포 잠 독 레 반 롱 바 쯔엉 퐁 쩐 남. 깜 언 깍 비 주 번 니응 다 자잉 터이 잔 덴 즈 띠 엑 꿍 쭝 또이. 머이 깍 비 응오이.

Chào mừng Phó giám đốc Lê Văn Long và Trưởng phòng Trần Nam. Cám ơn các vị dù bận nhưng đã dành thời gian đến dự tiệc cùng chúng tôi. Mời các vị ngồi.

롱 이사장님과 남 실장님이 오신 것을 환영합니다. 바쁜 와중에도 와주셔서 감사합니다. 앉으십시오.

Long
롱:

또이 젇 빙 즈 드억 덴 더이. 깜 언 꼬 민정 다 쭈언 비 쭈 다오.

Tôi rất vinh dự được đến đây. Cám ơn cô Minjung đã chuẩn bị chu đáo.

영광입니다. 잘 준비해주셔서 감사합니다.

Minjung
민정:

또이 다 쫀 깍 몬 안 쭈이엔 통 꾸오 한 꾸옥. 히 봉 헙 커우 비 꾸오 깍비. 머이 깍 비 중 뜨 니엔.

Tôi đã chọn các món ăn truyền thống của Hàn Quốc. Hy vọng hợp khẩu vị của các vị. Mời các vị dùng tự nhiên.

한국 전통 음식으로 준비했습니다. 여러분의 입맛에 맞으셨으면 합니다. 편하게 드십시오.

Trưởng phòng Nam
남 실장:

머이 뀌 비 넝 리 비 쓰 헙 딱 꾸오 하이 꽁 띠.

Mời quý vị nâng ly vì sự hợp tác của hai công ty.

두 회사의 합작을 위하여 건배합시다.

Minjung
민정:

히 봉 쭝 따 쌔 꿍 나우 팓 찌엔. 씬 쭉 쓱 쾌 뀌 비.

Hy vọng chúng ta sẽ cùng nhau phát triển. Xin chúc sức khoẻ quý vị.

같이 발전하기를 희망합니다. 모두 건강하시기 바랍니다.

Long
롱:

깐 리.

Cạn ly.

건배합시다.

- 어떤 음식을 좋아하십니까?

Anh/Chị thích món nào? 아잉/찌 틱 몬 나오?

- 입맛에 맞으십니까?

Có hợp khẩu vị không ạ? 꼬 헙 커우 비 콩 아?

- 사양하지 마시고 많이 드세요.

Đừng khách sáo, anh/chị hãy dùng tự nhiên nhé.
드응 카익 싸오, 아잉/찌 하이 중 뜨 니엔 니에.

- 베트남의 전통 음식을 소개해주실 수 있나요?

Anh/chị có thể giới thiệu món ăn truyền thống Việt Nam được không? 아잉/찌 꼬 테 저이 티에우 몬 안 쭈이엔 통 비엣 남 드억 콩?

- 한국 음식을 드셔보셨습니까?

Anh/Chị đã ăn món ăn Hàn Quốc bao giờ chưa?
아잉/찌 다 안 몬 안 한 꾸옥 바오 저 쯔어?

- 불편한 점이 있으면 언제든지 말씀해주세요.

Nếu có điều gì bất tiện anh/chị hãy nói cho chúng tôi bất cứ lúc nào.
네우 꼬 디에우 지 벗 띠엔 아잉/찌 하이 노이 쪼 쭝 또이 벗 끄 룩 나오.

- 베트남의 회식 문화는 어떤가요?

Ở Việt Nam có văn hoá tiệc công ty không?
어 비엣 남 꼬 반 화 띠엑 꽁 띠 콩?

- 술을 드십니까?

Anh/Chị có uống rượu không? 아잉/찌 꼬 우옹 즈어우 콩?

괜찮으시다면, 한잔 드려도 될까요?

- **Nếu không phiền, tôi mời anh/chị một ly được không?**
네우 콩 피엔, 또이 머이 아잉/찌 못 리 드억 콩?

163

귀 회사	quý công ty	뀌 꽁 띠	술	rượu	즈어우
귀빈 여러분	quý vị	뀌 비	맥주	bia	비어
만찬	tiệc tối	띠엑 또이	함께	cùng nhau	꿍 냐우
영접	tiếp đãi	띠엡 다이	예의 바르다	lịch sự	릭 쓰
건배	nâng ly	넝 리	전통	truyền thống	쭈옌 통
특산품	đặc sản	닥 싼	축하하다	chúc	쭉
구역	vùng	브웅	발전하다	phát triển	팟 찌엔
건강	sức khoẻ	쓱 쾌	잘 준비하다	chu đáo	쭈 다오
언제나	bất cứ lúc nào	벗 끄 룩 나오	시간을 맞추다	sắp xếp thời gian	쌉 쎕 터이 잔
나날이	ngày càng	응아이 깡	영광스럽다	vinh dự	빙 즈
시간	thời gian	터이 잔	희망하다	hy vọng	히 봉
장소	địa điểm	디어 디엠	파티를 하다	mở tiệc	머 띠엑
접대(음식)	chiêu đãi	찌에우 다이	입맛에 맞다	hợp khẩu vị	헙 커우 비

문법과 활용

▶ 'Chúc 쭉': ~기를 바라다/~기를 기원하다

'Chúc 쭉'은 '축하하다'라는 뜻을 가진 동사로 베트남인들이 상대방에게 좋은 일을
축하하거나 기원할 때 사용하는 표현이다.

 – 맛있게 드세요. Chúc anh/chị ăn ngon miệng. 쭉 아잉/찌 안 응온 미엥.
- 귀 회사가 나날이 발전하기를 바랍니다.
  Chúc quý công ty ngày càng phát triển. 쭉 뀌 꽁 띠 응아이 깡 팟 찌엔.
- 안녕히 주무세요. Chúc anh/chị ngủ ngon. 쭉 아잉/찌 응우 응온.
- 주말 잘 보내시기 바랍니다.
  Chúc anh/chị cuối tuần vui vẻ. 쭉 아잉/찌 꾸오이 뚜언 부이 베.
- 생일 축하합니다. Chúc mừng sinh nhật. 쭉 믕 씽 녓.
- 행복하시기 바랍니다. Chúc mừng hạnh phúc. 쭉 믕 하잉 푹.
- 새해 복 많이 받으세요. Chúc mừng Năm Mới. 쭉 믕 남 머이.

164

➡️ 양보를 나타내는 〈dù/tuy··· nhưng〉의 용법

'dù 주' 또는 'tuy 뚜이··· nhưng 느이응'은 앞절과 뒷절을 연결해주는 구문으로 보통
가정이나 양보를 나타낼 때 사용된다. 한국말의 '비록 ~지만 ~하다' 또는 '~어도/더
라도'로 해석할 수 있다.

> - 바쁘신 중에도 참가하러 와주셔서 감사합니다.
>   Cám ơn anh/chị, dù bận nhưng đã đến tham gia với chúng tôi.
>   깜 언 아잉/찌, 주 번 느이응 다 덴 탐 자 버이 쭝 또이.
> - 그분은 비록 똑똑하지 않지만 열심히 일하는 분이에요.
>   Tuy anh ấy không thông minh nhưng là người làm việc chăm chỉ.
>   뚜이 아잉 어이 콩 통 밍 느이응 라 응으어이 람 비엑 짬 찌.
> - 피곤해도 일하러 가야 돼요. Dù mệt nhưng phải đi làm. 주 멧 느이응 파이 디 람.
> - 아프더라도 참아야 해요.
>   Tuy tôi đau nhưng tôi phải cố chịu. 뛰 또이 다우 느이응 또이 파이 꼬 찌우.

➡️ 〈~nhỉ/~nhé〉의 용법

구어체 표현으로 쓰이는 'nhé 니애'는 정태사이며 상대방의 동의를 구하거나 부드럽
게 명령할 때 사용한다.

> - 오늘 우리 점심식사 같이할까요?
>   Hôm nay chúng ta cùng ăn trưa nhé? 홈 나이 쭝 따 꿍 안 쯔어 니애?
> - 갈까요? Đi nhé? 디 니애?
> - 주말에 우리 집에 오세요.
>   Cuối tuần anh/chị đến nhà chúng tôi nhé.
>   꾸오이 뚜언 아잉/찌 덴 냐 쭝 또이 니애.

구어체 표현에 쓰이는 'nhỉ 니이'는 스스로 질문할 때나 자기가 말하는 사실이나 제안
에 대해 상대방의 인정을 기대하는 상황에서도 사용할 수 있다.

> - 오늘 날씨 춥지요? Hôm nay trời lạnh nhỉ? 홈 나이 쩌이 라잉 니이?
> - 이 옷 예쁘지? 그렇지 않니? Cái áo này đẹp nhỉ? 까이 아오 나이 뎁 니이?
> - 내가 마시던 커피가 어디 있지?
>   Ly cà phê mình đang uống ở đâu nhỉ? 리 까 페 밍 당 우옹 어 더우 니이?
> - 오늘 뭘 먹지? Hôm nay ăn gì nhỉ? 홈 나이 안 지 니이?

연습하기

1 다음 단어와 문장을 베트남어로 써보자.

A. 만찬 _____

B. 건배 _____

C. 생일 축하합니다. _____

D. 그는 똑똑하지 않지만 열심히 일합니다.

_____

2 다음 문장을 베트남어로 쓰고 읽어보자.

A. 어떤 음식을 좋아하십니까?

_____

B. 베트남의 전통 음식을 소개해주세요.

_____

지형에 따른 베트남의 민족 특성 3: 남부 지역

호찌민을 중심으로 하는 남부 문화지역은 동남부 지역의 성(5개)과 서남부 지역의 성(14개)을 포함하며, 서남부 지역은 주로 메콩강의 삼각주 지역을 말한다. 남부 지역은 주로 메콩강과 동나이강 유역의 비옥한 삼각주를 포함한다. 이 지역은 수로가 거미줄처럼 얽혀 있으며, 강의 총길이는 5,700km에 달한다. 이 지역은 강의 흐름이 느리고 충적토가 많이 쌓여 광대한 삼각주를 형성하고 있다. 남부 지역은 우기와 건기가 뚜렷하며, 1년 내내 덥고 겨울이 거의 없는 편이다.

남부 지역 주민들 중 가장 많은 민족은 비엣족이고, 그 밖에 크메르족, 참족, 화족, 마족 등이 있다. 남부 지역 사람들이 주로 먹는 음식은 밥, 채소와 생선 등이다. 북부 지역 사람들은 민물고기, 중부 지역 사람들은 바닷고기를 즐겨 먹으며, 남부 지역 사람들은 밀물과 바닷물이 섞이는 삼각주의 수로에서 잡은 고기를 많이 먹는다. 남부 지역 사람들은 주로 수산물을 선호하는데, 신맛이 나는 생선탕이나 도자기 냄비에 익힌 생선 요리 등이 있다. 북부 지역 사람들은 차를 즐기는 반면 남부 지역 사람들은 단지 갈증을 해소하기 위해 마시는 경향이 있으며, 차 대신 커피를 즐겨 마신다.

남부 지역 사람들은 일찍부터 외국과 교류했기 때문에 문화의 수용과 변화에 대한 반응이 빠른 편이다. 남부 지역은 1862년부터 프랑스의 지배를 받았고, 사이공 항이 건설되어 각국의 상선이 드나들었다. 메콩 강 유역에는 배를 이용한 수상교통이 발달되어 있으며, 수로의 요지에 수상시장이 열린다. 주로 거래되는 상품은 과일, 농산물 등이며, 식당, 미용실 등 서비스업도 선상에서 접할 수 있는데, 이는 관광객들에게 흥미로운 볼거리를 제공해준다.

이러한 지리적·역사적 특징 때문에 남부 지역 사람들은 성격이 개방적이다. 예를 들어 북부 지역 마을에는 마을 문이 있지만, 남부 지역 마을에는 마을 문이 없다. 남부 지역은 자원이 풍부하고 살기가 편해서 이 지역 사람들은 외향적이며, 타 문화나 새로운 것을 빠르게 받아들이는 편이다. 그러한 영향으로 호찌민을 중심으로 한 남부 지역은 경제가 발달한 지역으로 유명하다.

09 | 제9과
트 하이 또이 꼬 릭 람 비엑 칵
Thứ hai tôi có lịch làm việc khác
월요일에는 다른 일정이 있습니다

대화

Minjung
민정:
아잉 롱, 꾸옥 홉 띠엡 테오 꾸오 쭝 따 라 키 나오?
Anh Long, cuộc họp tiếp theo của chúng ta là khi nào?
롱씨, 다음 회의는 언제가 좋을까요?

Long
롱:
트 하이 뚜언 싸우 드억 콩 찌 민정?
Thứ hai tuần sau được không chị Minjung?
다음 주 월요일 어떠십니까?

Minjung
민정:
트 하이 뚜언 싸우 또이 꼬 부오이 갑 맛 깍 좌잉 응이엡 어 다이 쓰 꽌. 트 바 티 테 나오 아?
Thứ hai tuần sau tôi có buổi gặp mặt các doanh nghiệp ở Đại sứ quán. Thứ ba thì thế nào ạ?
월요일에는 대사관에서 기업가 모임이 있습니다. 화요일은 어떠세요?

Long
롱:
찌 더이 못 랏, 데 또이 끼엠 짜 릭 람 비엑⋯ 아, 룩 하이 저 찌에우 트 바 뚜언 싸우 또이 꼬 터이 잔.
Chị đợi một lát, để tôi kiểm tra lịch làm việc⋯ À, lúc 2 giờ chiều thứ ba tuần sau tôi có thời gian.
잠시만요. 일정을 확인해볼게요. 다음 주 화요일 오후 2시에 시간이 있습니다.

Minjung
민정:
똣 꽈. 핸 아잉 룩 하이 저 찌에우 트 바 뚜언 싸우.
Tốt quá.
Hẹn anh lúc 2 giờ chiều thứ ba tuần sau.
좋습니다. 그럼 다음 주 화요일 2시에 뵙겠습니다.

며칠 후 전화 Mấy ngày sau 머이 응아이 싸우

Long
롱:

트 바 또이 돗 쑤엇 꼬 께 화익 디 꽁 딱 어 띵. 쭝 따 도이 릭 홉 꽈 하이 저 찌에우 트 남 드 억 콩 찌 민정?

Thứ ba tôi đột xuất có kế hoạch đi công tác ở tỉnh. Chúng ta đổi lịch họp qua 2 giờ chiều thứ năm được không chị Minjung?

다음 주 화요일에 지방 출장 계획이 급히 잡혔습니다. 목요일 2시로 변경할 수 있을까요?

Minjung
민정:

브엉, 트 남 꿍 드억 아.

Vâng. Thứ năm cũng được ạ.

아, 그렇군요. 목요일 괜찮습니다.

Long
롱:

깜 언 찌. 핸 갑 찌 트 남 뚜언 싸우.

Cám ơn chị. Hẹn gặp chị thứ năm tuần sau.

감사합니다. 목요일에 뵙겠습니다.

- 준비할 시간이 조금 더 필요합니다.

Tôi cần thêm thời gian chuẩn bị. 또이 껀 템 터이 잔 쭈언 비.

- 저희 신제품이 완성된 후에 새로운 상품 출시에 대한 회의를 하고 싶습니다.

Sau khi hoàn thành sản phẩm mới, chúng tôi muốn mở cuộc họp ra mắt sản phẩm. 싸우 키 환 타잉 산 펌 머이, 쭝 또이 무온 머 꾸옥 홉 자 맛 싼 펌.

- 기상 악화로 비행 일정이 바뀌었습니다.

Do thời tiết xấu nên lịch trình bay đã thay đổi. 조 터이 띠엣 써우 넨 릭 찡 바이 다 타이 도이.

- 불편을 끼쳐드려 죄송합니다.

Xin lỗi vì đã làm phiền anh/chị. 씬 로이 비 다 람 피엔 아잉/찌.

- 그 시간에는 다른 약속이 있습니다.

Vào giờ đó thì tôi có cuộc hẹn khác. 바오 저 도 티 또이 꼬 꾸옥 핸 칵.

- 한가하실 때 연락 주세요.

Khi nào rảnh liên lạc cho tôi nhé. 키 나오 자잉 리엔 락 쪼 또이 니에.

- 사장님 일정을 알아보고 연락드리겠습니다.

Tôi sẽ kiểm tra lại lịch làm việc của giám đốc rồi báo lại cho anh chị. 또이 쌔 기엠 짜 라이 릭 람 비엑 꾸오 잠 독 조이 바오 라이 쪼 아잉/찌.

- 약속 시간을 지켜주시기 바랍니다.

Xin anh/chị đúng hẹn. 씬 아잉/찌 둥 핸.

- 저희가 조정해보겠습니다.

Chúng tôi sẽ điều chỉnh lại. 또이 쌔 디우에 찡 라이.

- 괜찮으시다면 조찬 회의를 하면 어떨까요?

Nếu anh không phiền thì chúng ta cùng nhau dùng bữa sau cuộc họp được không? 네우 아잉 콩 피엔 티 쭝 따 꿍 냐우 즈웅 브어 싸우 꾸옥 홉 드억 콩?

일정	lịch làm việc	릭 람 비엑	모으다	tập hợp, gom lại	떱 헙, 곰 라이
회의/미팅	cuộc họp	꾸옥 홉	한가하다	rảnh, rỗi	자잉, 조이
기업	doanh nghiệp	좌잉 응이엡	시키다	giữ	즈
변경	thay đổi	타이 도이	부르다	gọi	고이
출장	công tác	꽁 딱	취소하다	huỷ	후이
조찬 회의	họp sáng	홉 쌍	멈추다	dừng lại	증 라이
신제품	sản phẩm mới	싼 펌 머이	지난	qua, trước	꽈, 쯔억
출시	ra mắt	자 맛	다음/이어서	tiếp theo	띠엡 테오
사고	sự cố	쓰 꼬	연락하다	liên lạc	리엔 락
큰 회의/ 회담	hội nghị	호이 응이	갑자기	đột xuất	돗 쑤엇
문제	vấn đề	번 데	잠깐	một lát	못 랏
~로 바꾸다	đổi qua/ đổi sang	도이 꽈/ 도이 쌍	다가오는	đến gần	덴 건

➡ 'bao giờ 바오 저', 'khi nào 키 나오'의 용법

'bao giờ', 'khi nào'는 '언제'라는 뜻으로 시간이나 때에 대해 물을 때 사용한다.

- 'bao giờ', 'khi nào'는 미래의 시간을 물어볼 때 사용하는 의문사로 문장의 앞에 온다.

> 예
> - 하노이에 언제 가실 겁니까? **Bao giờ anh đi Hà Nội?** 바오 저 아잉 디 하 노이?
> - 비행기가 언제 이륙하나요? **Khi nào máy bay cất cánh?** 키 나오 마이 바이 껏 까잉?

- 'bao giờ', 'khi nào'는 과거의 시간을 물어볼 때 사용하는 의문사로 문장의 끝에 온다.

> 예
> - 회사가 언제 설립되었습니까? **Công ty thành lập khi nào?** 꽁 띠 타잉 럽 키 나오?
> - 언제 졸업하셨어요? **Chị tốt nghiệp bao giờ?** 찌 똣 응이엡 바오 저?

➡ 익혀두면 좋은 관용구문

~을 때	khi~ 키~ + 동사
	- 기분이 안 좋을 때 주로 영화를 봅니다. **Tôi thường xem phim khi buồn.** 또이 트엉 쎔 핌 키 부온.
~는 대로, ~하자마자	ngay khi 응아이 키 + 동사
	- 결과가 나오자마자 전화할게요. **Tôi sẽ gọi điện thoại cho anh ngay khi có kết quả.** 또이 쌔 고이 디엔 톼이 쪼 아잉 응아이 키 꼬 껫 꽈. - 베트남에 도착하자마자 남 씨를 만났어요. **Tôi đã gặp anh Nam ngay khi đến Việt Nam.** 또이 다 갑 아잉 남 응아이 키 덴 비엣 남.
~한 직후	ngay sau khi 응아이 싸우 키 + 동사
	- 먹은 직후 자면 안 된다. **Không nên ngủ ngay sau khi ăn.** 크옹 넨 응우 응아이 싸우 키 안.
~한 후에	sau khi 싸우 키 + 구/절
	- 회의가 끝난 후에 만납시다. **Chúng ta hãy gặp nhau sau khi kết thúc hội nghị.** 쭝 따 하이 갑 냐우 싸우 키 껫 툭 호이 응이.
~하기 전에	trước khi 쯔억 키 + 동사
	- 식사하기 전에 손을 씻으세요. **Hãy rửa tay trước khi ăn.** 하이 즈어 따이 쯔억 키 안.

➡ '~để 데' + 대명사

'để 데'는 Part Ⅱ의 13과에서 동사의 앞에 오며 행동의 목적을 나타낸다고 소개했다. 'để 데'의 또 다른 쓰임은 뒤에 동사가 아닌 대명사가 오면 그 대명사가 어떤 일을 자발적으로 하게 하거나 듣는 사람의 방해를 받지 않고 어떤 행위나 행동을 진행하겠다는 의지를 나타낸다. 영어의 "let someone to do something" 문구의 의미와 비슷하다.

 - 생각해볼게요. **Để tôi nghĩ.** 데 또이 응이.
- 제가 확인할게요. **Để tôi kiểm tra.** 데 또이 끼엠 짜.
- 제가 갈게요. **Để tôi đi.** 데 또이 디.

연습하기

 1 괄호 안에 알맞은 단어를 보기에서 찾아 써보자.

〈보기〉 sau khi, cuộc họp, một lát, lúc

A. Vào giờ đó tôi có (   ) khác.
그 시간에는 다른 회의가 있습니다.

B. Chúng ta cùng nhau dùng bữa (   ) cuộc họp
kết thúc nhé.
회의가 끝난 후에 함께 식사합시다.

C. Hẹn gặp (   ) 3 giờ chiều thứ ba.
화요일 3시에 뵙겠습니다.

D. Xin đợi (   ).
잠시만 기다려주세요.

> MEMO
>
>
>
>
>
>
>
>
>

지역의 대표적인 도시 1: 베트남의 수도 하노이 Hà Nội

북부 지역을 대표하는 도시는 하노이다. 하노이라는 이름은 1831년 응웬 Nguyễn 왕조의 민망 황제가 붙였는데 '하내(河內)', 즉 '강의 안쪽'이라는 뜻이다. 현재 하노이의 면적은 3,329㎢이고 인구는 7,600,000명 정도이다. 하노이의 중심지는 호안끼엠 호수를 중심으로 형성되어 있으며, 호안끼엠 호수 옆의 바딘구는 하노이의 정치 중심지로 베트남 공산당사, 베트남 정부청사, 국회의사당, 각국의 대사관 등이 들어서 있다.

하노이는 남부 지방의 도시들에 비해 사계절이 뚜렷하다. 10월 말부터 다음 해 2월까지는 서늘하고 비가 많이 오지 않지만 3월과 4월에는 봄비가 자주 오고 습도가 높아 이때가 싹이 트는 시기다. 5월부터 8월까지는 날씨가 무덥고 폭우와 태풍이 잦은 편이며, 9월, 10월에는 시원해지면서 연중 좋은 날씨를 보인다. 여름의 평균기온은 29~30도 정도이고, 39도까지 오를 때도 있다. 겨울에는 평균기온이 약 17도로 선선한 편이다.

하노이는 천년 역사의 도시이자 베트남 문화의 중심지이다. 하노이에는 아직 옛 정취가 그대로 남아 있는 곳이 많아 도시 자체가 살아 숨 쉬는 박물관이라고 할 수 있다. 하노이는 고대의 도시이기 때문에 베트남 민족의 문화유산이나 역사적인 유적들이 잘 보존되어 있어 역사적·예술적으로 가치가 있는 사찰, 사원, 능, 박물관 등이 도처에 분포해 있다.

10 | 제10과

더이 라 쭈 데 꾸오 꾸옥 홉 홈 나이
Đây là chủ đề của cuộc họp hôm nay
오늘 회의의 주제는 이것입니다

대화

Minjung
민정:

쭈 데 꾸오 꾸옥 홉 홈 나이 라: '람 테 나오 데 꽝 까오 갬 특 떼 아오'?

Chủ đề của cuộc họp hôm nay là: 'Làm thế nào để quảng cáo game thực tế ảo?'

오늘 회의의 주제는 'VR 게임을 어떻게 홍보할 것인가?'입니다.

Long
롱:

씬 호이, 도이 뜨엉 찡 마 갬 나이 흐엉 덴 라 아이?

Xin hỏi, đối tượng chính mà game này hướng đến là ai?

질문 하나 드리겠습니다. 주 타깃층은 누구입니까?

Minjung
민정:

통 꽈 카오 쌋 쩬 망 사 호이 SNS, 또이 다 쫀 도이 뜨엉 라 남 저이 도 뚜오이 하이 므어이 덴 바 므어이, 틱 주 릭, 쩌이 테 타오 바 갬.

Thông qua khảo sát trên mạng xã hội SNS, tôi đã chọn đối tượng là nam giới độ tuổi 20-30, thích du lịch, chơi thể thao và game.

20~30대 남성입니다. SNS를 이용한 설문조사를 통해 게임과 스포츠, 여행을 함께 즐기는 연령층으로 정했습니다.

Long
롱:

꼰 프엉 팝 꽝 까오 티 테 나오?

Còn phương pháp quảng cáo thì thế nào?

홍보 방법은요?

Minjung
민정:

또이 당 투 텁, 펀 띡 깍 짱 웹 바 응 중 마 남 저이 어 도 뚜오이 하이 므어이 하이 쓰 중.

Tôi đang thu thập, phân tích các trang web và ứng dụng mà nam giới ở độ tuổi 20-30 hay sử dụng.

20~30대가 주로 사용하는 앱과 사이트를 수집해 분석하는 중입니다.

175

Long
롱:

쭝 또이 쌔 줍 찌 투 텁 즈 리에우. 꼰 꽝 까오 오프라이 티 찌 딩 띠엔 하잉 테 나오?

Chúng tôi sẽ giúp chị thu thập dữ liệu. Còn quảng cáo offline thì chị định tiến hành thế nào?

저희도 데이터 수집을 돕겠습니다. 오프라인 홍보는 어떻게 이루어지나요?

Minjung
민정:

어 한 꾸옥 쓰 중 니에우 힝 특 꽝 까오 니으 꽝 까오 쩬 띠비, 쌔 부잇 바 깍 쓰 끼엔 꽝 바. 또이 콩 비엣 조 베 띵 힝 특 떼 어 비엣 남 넨 또이 무온 호이 이 끼엔 뀌 비.

Ở Hàn Quốc sử dụng nhiều hình thức quảng cáo như quảng cáo trên tivi, xe buýt và các sự kiện quảng bá. Tôi không biết rõ về tình hình thực tế ở Việt Nam nên tôi muốn hỏi ý kiến quý vị.

한국은 프로모션 행사와 TV 광고, 버스 외부 광고를 많이 이용하는데, 베트남의 실정에 맞는 의견 부탁드립니다.

Long
롱:

브어. 쭝 따 쌔 반 번 데 나이 어 꾸옥 홉 싸우.

Vâng. Chúng ta sẽ bàn vấn đề này ở cuộc họp sau.

네! 다음 회의 때 구체적으로 논의하기로 합시다.

176

- 신제품의 특징에 대해 소개하겠습니다.

Tôi xin giới thiệu về đặc tính của sản phẩm mới.
또이 씬 저이 티에우 베 닥 띵 꾸오 싼 펌 머이.

- 시장조사를 할 예정입니다.

Tôi dự định sẽ điều tra thị trường. 또이 즈 딩 쌔 디에우 짜 티 쯔엉.

- 면접조사를 해야 합니다.

Chúng ta phải phỏng vấn khảo sát. 쭝 따 파이 퐁 번 카오 쌋.

- 나누어드린 자료를 봐주세요.

Xin anh/chị hãy tham khảo tài liệu. 씬 아잉/찌 하이 탐 카오 따이 리에우.

- 의견을 말씀해주세요.

Xin anh/chị hãy cho biết ý kiến. 씬 아잉/찌 하이 쪼 비엣 이 끼엔.

- 질문을 받겠습니다.

Tôi xin nhận câu hỏi. 또이 씬 년 꺼우 호이.

- 저희 제품과 경쟁사의 제품을 비교해보겠습니다.

Tôi xin so sánh sản phẩm của công ty chúng ta với các công ty cạnh tranh.
또이 씬 쏘 싸잉 싼 펌 꾸오 꽁 띠 쭝 따 버이 깍 꽁 띠 까잉 짜잉.

- 다음 달의 영업 기획안에 대해 말씀드리겠습니다.

Tôi xin trình bày về kế hoạch kinh doanh của tháng sau.
또이 씬 찡 바이 께 화익 낑 좌잉 꾸오 탕 싸우.

단어

구체적	cụ thể	꾸 테	게시판	bảng thông báo	방 통 바오
포괄적	khái quát	카이 꽛	회의록	nội dung cuộc họp	노이 즈웅 꾸옥 홉
일반적	chung, thông thường	쭝, 통 트엉	프로모션	quảng bá	꽝 바
설문조사	điều tra khảo sát	디에우 짜 카오 쌋	분석하다	phân tích	펀 띡

대상	đối tượng	도이 뜨엉	홍보하다	quảng cáo / tiếp thị	꽝 까오 / 띠엡 티
시장조사	điều tra thị trường	디에우 짜 티 쯔엉	수집하다	thu thập	투 텁
면접	phỏng vấn	퐁 번	정확한	chính xác	찡 싹
목표	mục tiêu	묵 띠에우	잘 알다	biết rõ	비엣 조
기획안	bản kế hoạch	반 께 화익	결정하다	quyết định	꾸엣 딩
회의실	phòng họp	퐁 홉	작성하다	ghi chép	기 쩹
자료/ 데이터	dữ liệu	즈 리에우			

문법과 활용

➡ 'Tôi xin 또이 씬' + 동사: ~하겠습니다.

발표할 때나 공식적인 장소에서 존댓말로 말할 때 'Tôi xin + 동사'의 형태를 사용할 수 있다.

- 자기소개를 하겠습니다. **Tôi xin tự giới thiệu.** 또이 씬 뜨 저이 티에우.
- 소개해드리겠습니다. 이분은 QCC 홍보회사 밍 사장님입니다.
  Tôi xin giới thiệu. Đây là ông Minh, giám đốc công ty quảng cáo QCC.
  또이 씬 저이 티에우. 더이 라 옹 밍, 잠 독 꽁 띠 꽝 까오 QCC.
- 신제품의 특징에 대해 소개하겠습니다.
  Tôi xin giới thiệu về đặc tính của sản phẩm mới.
  또이 씬 저이 티에우 베 닥 띵 꾸어 싼 펌 머이.

➡ ~과/와 함께, ~로/를 통해

	với / cùng với~ 버이/꿍 버이
~과/와 함께	- 우리 회사는 ABC 회사와 함께 협력하겠습니다. **Công ty tôi sẽ hợp tác với công ty ABC.** 꽁 띠 또이 쌔 헙 딱 버이 꿍 띠 ABC. - 그는 아내와 아들 두 명과 함께 삽니다. **Anh ấy sống cùng với vợ và hai con trai.** 아잉 어이 쏭 꿍 버이 버 바 하이 꼰 짜이. - 이 상품의 품질을 다른 상품의 품질과 비교해보고 싶습니다. **Tôi muốn so sánh chất lượng sản phẩm này với sản phẩm kia.** 또이 무온 쏘 싸잉 쩟 르엉 싼 펌 나이 버이 싼 펌 끼어.

	thông qua~ 통 꽈
~로/를 통해	– TV 광고를 통해 이 상품을 알게 되었습니다. **Tôi biết sản phẩm này thông qua quảng cáo trên tivi.** 또이 비엣 싼 펌 나이 통 꽈 꽝 까오 쩬 띠비. – 그녀는 동료의 소개로 현재의 아내를 만나게 되었습니다. **Chị ấy gặp chồng thông qua sự giới thiệu của đồng nghiệp.** 찌 어이 갑 쫑 통 꽈 쓰 저이 티에우 꾸오 동 응이엡. – 이번 출장을 통해 QCC 회사와 계약을 체결하고 싶습니다. **Tôi muốn kí hợp đồng với công ty QCC thông qua chuyến công tác này.** 또이 무온 끼 협 동 버이 꽁 띠 QCC 통 꽈 쭈이엔 꽁 딱 나이.

➡️ 강조 및 대조를 나타내는 'thì 티'

'thì 티'는 주어와 서술어를 연결해주는 허사로 여러 대상에 대한 이야기의 맥락에서 한 대상을 특정할 때 사용한다.

 – 다음 주 월요일은 어때요?
Thứ hai tuần sau thì thế nào? 트 하이 뚜언 싸우 티 테 나오?
– 그 시간에는 다른 약속이 있습니다.
Vào giờ đó thì tôi có cuộc hẹn khác. 바오 저 도 티 또이 꼬 꾸옥 핸 칵.
– 이 제품은 싸고, 저 제품은 비싸요.
Sản phẩm này thì rẻ, sản phẩm kia thì đắt. 싼 펌 나이 티 재, 싼 펌 끼어 티 닷.
– 어머니는 신문을 보시고, 아버지는 텔레비전을 보십니다.
Mẹ thì đọc báo, ba thì xem tivi. 매 티 독 바오, 바 티 쌤 띠비.

Còn과 같이 사용해서 "còn 꼰… thì thế nào 티 테 나오?"라는 형태로 말하는데, "그리고 ~은요/~는요?"라는 의미이다.

 – 그리고 당신은 어때요? **Còn anh thì thế nào?** 꼰 아잉 티 테 나오?
– 그리고 이 음식은 어때요? **Còn món này thì thế nào?** 꼰 몬 나이 티 테 나오?
– 그리고 계약은요? **Còn hợp đồng thì thế nào?** 꼰 협 동 티 테 나오?

연습하기

1 다음 문장을 베트남어로 써보자.

A. 자기소개를 하겠습니다.

_____

B. 다음 달 사업 기획안을 말씀드리겠습니다.

_____

C. 다음 주 화요일은 어때요?

_____

D. 그리고 계약서는요?

_____

E. 신제품의 특징에 대해 소개하겠습니다.

_____

"
MEMO

"

지역의 대표적인 도시 2: 베트남의 경제 도시 호찌민
Thành Phố Hồ Chí Minh

호찌민은 면적이 약 2,056km인 광활한 지역으로 최근 몇 년 사이에 인구가 폭발적으로 증가해 900만 명에 이른다. 호찌민은 베트남 최대의 도시이자 수도인 하노이에서 1,738km 떨어진 자치행정 도시이다. 호찌민은 베트남 최대의 경제 도시로 다른 어느 지역보다 활기가 넘친다. 또한 호찌민은 프랑스가 통치하는 동안 많은 프랑스식 건물이 들어서고 외래문화와 물자의 유입으로 발전을 거듭해 '동양의 작은 파리', '동양의 진주'라고 불리기도 한다.

과거에는 호찌민을 사이공이라고 부르다가 베트남이 통일된 1975년 이후 호찌민으로 개명되었으며, 최근에는 경제 개방과 더불어 활기차고 역동적으로 발전하는 중이다. 호찌민 시는 12개의 도시지역 지구와 6개의 농촌지역 지구로 구성되어 있다. 호찌민은 행정구역상 1, 3, 4구(District 1, 3, 4)가 시의 중심지역이며, 특히 1구, 3구역에는 인민위원회를 중심으로 호텔, 각국 대사관, 은행, 본사 등이 몰려 있어 가장 번화한 거리를 형성하고 있다.

하노이가 베트남의 전통문화의 뿌리가 형성된 고도시라면, 호찌민은 베트남의 현대문화를 형성하는 데 앞선 도시라고 할 수 있다. 호찌민은 경제가 활발한 지역으로 다른 지역에서 온 사람들이 생계를 찾기 위해 많이 유입되어 고유문화를 찾기가 어렵다. 새로운 문화를 쉽게 유입해 다양한 문화가 공존하다 보니 호찌민에 사는 사람들은 외향적이고 너그러운 것이 특징이다.

11 | 제11과

드억 더이, 느이응…
Được đấy, nhưng…
좋습니다, 하지만…

대화

Long
롱:

찌 민정, 찌 터이 비엑 띠엔 하잉 꽝 바 어 너이 떱 쭝 니에우 응으어이 째 티 테 나오?
Chị Min Jeong, chị thấy việc tiến hành quảng bá ở nơi tập trung nhiều người trẻ thì thế nào?
젊은이들이 많이 모이는 장소에서 프로모션을 진행하는 것은 어떨까요?

Minjung
민정:

드억 더이, 느이응 어 비엣 남 너이 나오 꼬 테 떱 쭝 니에우 응으어이?
Được đấy, nhưng ở Việt Nam nơi nào có thể tập trung nhiều người?
좋습니다. 하지만 많은 사람이 모일 만한 장소가 있을까요?

Long
롱:

쭝 떰 SECC 꾸언 7 타잉 포 호 찌 밍 라 너이 트엉 지엔 자 깍 찌엔 람 딩 끼 리엔 꽌 덴 IT.
Trung tâm SECC Quận 7 Thành phố Hồ Chí Minh là nơi thường diễn ra các triển lãm định kì liên quan đến IT.
호찌민 시 7군 SECC 전시장은 IT 관련 전시회를 정기적으로 여는 장소입니다.

Minjung
민정:

오 하이 꽈! 꽁 띠 쭝 또이 탐 자 드억 콩?
Ồ, hay quá! Công ty chúng tôi tham gia được không?
그렇다면, 그 전시회에 저희도 참가하는 것이 가능할까요?

Long
롱:

떳 느이엔 라 드억 조이. 네우 꽁 띠 찌 무온 탐 자 티 또이 쌔 당 끼 줍 쪼.
Tất nhiên là được rồi. Nếu công ty chị muốn tham gia thì tôi sẽ đăng kí giúp cho.
물론 가능하죠. 원하시면 신청을 도와드리겠습니다.

Minjung
민정:

브어 티 똣 꽈, 깜 언 아잉, 더이 쌔 라 못 꺼 호이 똣 쪼 쭝 또이.

Vậy thì tốt quá, cám ơn anh.
Đây sẽ là một cơ hội tốt cho chúng tôi.

그러면 좋겠습니다, 감사합니다.
이 일은 저희에게 좋은 기회가 될 것 같습니다.

Long
롱:

응와이 자, 쭝 따 꿍 껀 꼬 찌엔 르억 꽝 까오 콩 저이 한 응으어이 띠에우 중 어 비엣 남 느어.

Ngoài ra, chúng ta cũng cần có chiến lược quảng cáo không giới hạn người tiêu dùng ở Việt Nam nữa.

그런데 실수요자를 베트남에 한정하지 않는 홍보 전략이 필요할 것 같습니다.

Minjung
민정:

둥 버이. 어 한 꾸옥 꿍 당 럽 찌엔 르억 꽝 까오 콩 저이 한, 흐엉 자 티 쯔엉 또언 꺼우.

Đúng vậy. Ở Hàn Quốc cũng đang lập chiến lược quảng cáo không giới hạn, hướng ra thị trường toàn cầu.

맞습니다. 한국에서도 전 세계 시장을 대상으로 한 홍보 전략을 구상 중입니다.

유용한 표현

- 그 후에는 어떻게 홍보하실 건가요?

  Sau đó thì anh/chị sẽ quảng cáo như thế nào?

  싸우 도 티 아잉/찌 쌔 꽝 까오 느 테 나오?

- 그럼, 전시회장에서 뵙겠습니다.

  Vậy thì, hẹn gặp anh/chị ở triển lãm.

  브어 티, 핸 갑 아잉/찌 어 찌엔 람.

- 저희가 더 준비해야 할 것은 없을까요?

  Chúng tôi phải chuẩn bị thêm gì nữa không ạ?

  쭝 또이 파이 쭈언 비 템 지 느어 콩 아?

- 그래서 이 전시회에 꼭 참가해야 합니다.

  Vì thế tôi nhất định phải tham gia triển lãm này.

  비 테 또이 녓 딩 파이 탐 자 찌엔 람 나이.

- 무슨 일이 있어요?

  Có chuyện gì vậy?

  꼬 쭈엔 지 버이?

정기적	định kì	딩 끼	신청서	đơn đăng kí	던 당 끼
전시회	hội chợ triển lãm	호이 쩌 찌엔 람	전략	chiến lược	찌엔 르억
수요자	người tiêu dùng	응으어이 띠에우 우즈웅	계획을 세우다	lập kế hoạch	럽 께 화익
공급자	nhà cung cấp	냐 꿍 껍	참가하다	tham gia	탐 자
협찬	tài trợ	따이 쩌	주최하다	tổ chức, đăng cai	또 쭉, 당 까이

문법과 활용

➡ 접속사

그렇다면	nếu vậy thì 네우 버 이티
왜냐하면	vì/bởi vì/do 비/버이 비/조
그런 이유로	vì lí do đó 비 리 조 도
하지만	nhưng 느이응
그런데	nhưng mà 느이응 마
그 후에	sau đó 싸우 도
그리고	và 바
만약 ~한다면	nếu~…thì~ 네우~…티~
그러므로	cho nên, bởi vậy 쪼 넨, 버이 버이
혹은, 또는	hoặc 확
그래서	vì thế 비 테

➡ 'Đưa 드어, cho 쪼, trao 짜오, tặng 땅'의 용법

동사의 그룹 'Đưa, cho, trao, tặng'은 '주다'라는 의미로 대상과 상황에 따라 용법이 달라진다.

đưa~ 드어	건네주다(구어체)
	– 엄마가 채소를 사라고 저에게 2만 동을 건네주셨어요. **Mẹ đưa tôi 20,000 đồng để mua rau.** 메 드어 또이 하이 므어이 응인 동 데 무오 자우.
cho~ 쪼	주다(구어체)
	– 할아버지가 저에게 설탕을 주셨어요. **Ông cho tôi kẹo.** 옹 쪼 또이 깨오.
trao~ 짜오	주다, 드리다 / 수여하다(졸업장 / 증명서 / 수료증 등)
	– 총장님께서 학생들에게 졸업장을 수여해주셨습니다. **Thầy hiệu trưởng trao bằng tốt nghiệp cho sinh viên.** 터이 히에우 쯔엉 짜오 방 똣 응이엡 쪼 씽 비엔. – 수여식 **Lễ trao bằng** 레 짜오 방
tặng~ 땅	선물하다 / 드리다
	– 그는 저에게 그림을 선물했어요. **Anh ấy tặng tôi bức tranh.** 아잉 어이 땅 또이 북 짜잉.

연습하기

 1 괄호 안에 알맞은 접속사를 보기에서 찾아 써보자.

> 보기) vì, nhưng, nếu···thì, và

A. ( ) tôi có nhiều tiền ( ) tôi sẽ đi du lịch.
만약 돈이 많이 있다면 여행을 갈 것이다.

B. Anh ( ) tôi
당신과 나

C. a: Vì sao anh không đi làm?
왜 일하러 안 가세요?

b: ( ) tôi bị ốm.
왜냐하면 아프기 때문입니다.

D. Sản phẩm này tốt ( ) đắt.
이 상품은 좋지만 비쌉니다.

지역의 대표적인 도시 3: 외국인의 관광을 가장 많이 끌어오는 도시
다낭 Đà Nẵng

중부 지역의 중심인 다낭은 베트남의 주요 도시 중 하나다. 다낭은 최근 10년간 기존 자연환경과 더불어 개발정책으로 급속히 발전하여 투자와 관광 분야에서 주목을 받고 있다. 이 도시의 인구는 현재까지 약 1백만 명(2015년 기준)이며 베트남에서 가장 살기 좋은 도시로 유명하다.

다낭은 베트남 국토의 가운데에 위치해 있으며, 오래전부터 국가안보와 정치적·경제적인 측면에서 매우 중요한 도시다. 다낭을 비롯한 중부 지역의 동해안에는 항, 만 등이 많아서 일찍부터 항구가 발달하였고, 아시아의 항구 역할을 하기도 했다.

특히, 다낭에서 남쪽으로 약 100Km 떨어져 있는 호이안은 16세기에 중국, 일본, 인도, 유럽 등에서 온 상인들이 드나들던 유명한 국제항이었다. 이 지역은 의식주 문화에서 일본과 중국의 문화적 흔적을 찾을 수 있다. 호이안은 1999년 유네스코에서 세계문화유산으로 지정하였다.

12 | 제12과

테오 아잉, 자 바오 니에우 라 헙 리?

Theo anh, giá bao nhiêu là hợp lý?

생각하시는 합리적인 가격이 얼마입니까?

대화

Minjung
민정:
더이 라 응언 싸익 꾸오 피어 쭝 또이 바 통 띤 자 티 쯔엉.
Đây là ngân sách của phía chúng tôi và thông tin giá thị trường.
저희 측의 예산과 시장가격에 대한 정보입니다.

Long
롱:
찌 쭈 다오 꽈.
Chị chu đáo quá.
세심하게 책정되었군요.

Minjung
민정:
테오 아잉, 자 띠에우 즈웅 마 꽁 띠 쭝 또이 드어 자 테 나오 아?
Theo anh, giá tiêu dùng mà công ty chúng tôi đưa ra thế nào ạ?
저희가 제시한 소비자가격은 어떤가요?

Long
롱:
또이 터이 허이 닷 못 쭛.
Tôi thấy hơi đắt một chút.
조금 비싸게 느껴집니다.

Minjung
민정:
도 라 찌엔 르억 너응 까오 직 부 데 땅 자.
Đó là chiến lược nâng cao dịch vụ để tăng giá.
서비스를 고급화하고 가격을 높이는 전략을 세웠습니다.

Long
롱:
느이응 버이 자 나이 티 비엑 빙 온 티 쯔엉 쌔 허이 코.
Nhưng với giá này thì việc bình ổn thị trường sẽ hơi khó.
이 가격으로는 안정된 시장을 형성하기가 어려울 것 같습니다.

Minjung
민정:

네우 버이 티 자 마 꽁 띠 IT 사이 곤 데 응이 라 바오 니에우?

Nếu vậy thì giá mà công ty IT Sài Gòn đề nghị là bao nhiêu?

그렇다면 사이공IT에서 제안하는 가격은 얼마입니까?

Long
롱:

또이 쌔 홉 버이 반 잠 독 조이 통 바오 쪼 찌.

Tôi sẽ họp với Ban giám đốc rồi thông báo cho chị.

경영진 회의를 거친 후 제시하겠습니다.

유용한 표현

- 가격이 좀 비쌉니다. **Giá hơi đắt.** 자 허이 닷.
  가격 조정이 필요합니다. **Cần điều chỉnh giá.** 껀 디에우 찡 자.
- 원가를 낮출 수 있는 방법이 없을까요?
  Có cách nào hạ giá gốc không ạ? 꼬 까익 나오 하 자 곡 콩 아?
- 저희 측 이윤 금액의 비율을 조정해주시기 바랍니다.
  Xin anh/chị điều chỉnh lại tỉ lệ lợi nhuận cho phía chúng tôi. 씬 아잉/찌 디에우 찡 라이 띠 레 러이 니우언 쪼 피어 쭝 또이.
- 판매량이 어떻게 됩니까?
  Số lượng bán thì thế nào ạ? 쏘 르엉 반 티 테 나오 아?
- 시장가격이 많이 늘었습니다.
  Giá thị trường đã tăng rất nhiều. 자 티 쯔엉 다 땅 젓 니에우.
- 소비자가격 책정 기준을 알려주세요.
  Xin anh chị cho biết tiêu chuẩn định giá tiêu dùng. 씬 아잉/찌 쪼 비엣 띠에우 쭈언 딩 자 띠에우 중.
- 전자제품의 최저 가격입니다. 더 이상 할인은 어렵습니다.
  Đây là giá sàn của sản phẩm điện tử. Tôi không thể giảm hơn nữa. 더이 라 자 싼 꾸어 싼 펌 디엔 뜨.
- 5,000개 이상 구매하면 2% 깎아드리겠습니다.
  Nếu anh/chị đặt mua trên 5000 cái, chúng tôi sẽ giảm giá 2%. 네우 아잉/찌 닷 무오 쩬 남 응안 까이, 쭝 또이 쌔 잠 자 하이 펀 짬.

합당한	hợp lí	협 리	재료	nguyên liệu	응웬 리에우
소비자가격	giá người tiêu dùng	자 응으어이 띠에우 중	이윤	lợi nhuận	러이 니우언
하한가	giá sàn	자싼	이상	trên	쩬
원가	giá gốc	자곡	이하	dưới	즈어이
부가가치세	thuế giá trị gia tăng	투에 자 찌 자 땅	공지하다 / 통보하다	thông báo	통 바오
가격 협상	thoả thuận giá	톼 투언 자	제안하다	đề nghị	데 응이
견적서	bảng báo giá	방 바오 자	추측하다	dự đoán	즈 도안
가격 조절	điều chỉnh giá	디에우 찡 자	설득하다	thuyết phục	투이엣 푹
기준	tiêu chuẩn	띠에우 쭈언	제시하다	đưa ra	드어 자

➡ ~고 나서: 〈rồi 조이〉

'rồi 조이'는 앞 절에 나타나는 행위, 동작이 끝나야 뒤에 오는 행위, 동작을 실행할
수 있다는 뜻을 표현하는 연결사이다.

 – 식사하고 나서 갑시다. **Chúng ta ăn rồi đi.** 쭝 따 안 조이 디.
  – 저는 찌 동생을 만나서 커피를 마시러 가요.
  Tôi gặp em Chi rồi chúng tôi đi uống cà phê.
  또이 갑 앰 찌 조이 쭝 또이 디 우옹 까 페.
  – 아침식사를 하고 나서 출근해요. **Tôi ăn sáng rồi đi làm.** 또이 안 쌍 조이 디 람.
  – 상품을 소개해드리고 나서 여러분의 질문에 대답해드리겠습니다.
  Tôi giới thiệu sản phẩm rồi sẽ trả lời câu hỏi của quý vị.
  또이 저이 티에우 싼 펌 조이 쌔 짜 러이 꺼우 호이 꾸어 꾸비.

➡ 동사를 명사로 만드는 〈việc 비엑〉

'việc 비엑'은 동작, 행동을 표현하는 동사를 명사로 변화시키는 말로 동사 앞에 붙인다.

- 이 가격으로는 안정된 시장을 형성하기가 어려울 것 같습니다.

  Với giá này thì việc bình ổn thị trường sẽ hơi khó.
  버이 자 나이 티 비엑 빙 온 티 쯔엉 쌔 허이 코.

- 베트남 시장에 참가하는 것은 아주 중요합니다.

  Việc tham gia thị trường Việt Nam rất quan trọng.
  비엑 탐 자 티 쯔엉 비엣 남 젓 꽌 쫑.

- 저희는 귀 회사와 합작하는 것을 중시합니다.

  Chúng tôi trân trọng việc hợp tác với công ty anh.
  쭝 또이 쯔언 쫑 비엑 헙 딱 버이 꽁 띠 아잉.

연습하기

1 다음에 주어진 한국어를 베트남어로 바꿔보자.

A. 합작하는 것　　_____

B. 만나는 것　　_____

C. 가격을 조절하는 것　　_____

D. 참가하는 것　　_____

E. 일하는 것　　_____

베트남인의 가옥

농경문화가 발달했던 베트남은 강에 공동체를 형성하는 경향이 있다. 베트남의 가옥은 천장이 높고 문과 창문이 넓어 개방적인 구조로 되어 있다. 이는 더운 열대지역의 특징으로 시원한 공간을 확보하고 자연과 화합하기 위한 것이다. 열대지역은 비가 많이 내려 습도가 높다. 습도를 낮추려면 터(móng)가 높아야 하고, 넓고 시원한 공간을 유지하기 위해서는 지붕이 높아야 한다. 또한 빗물이 빨리 흘러내리도록 지붕의 경사를 만들고, 비가 집안으로 들어가는 것을 피하기 위해 처마를 길게 만든다.

베트남 사람들은 가옥의 건축 형식을 공동체를 반영하는 거울이라고 생각한다. 베트남인은 서양처럼 사생활을 위한 개인 공간보다는 가족 구성원 모두를 위한 공동 공간을 더 중시한다. 따라서 개인을 위한 작은 방보다 공동 생활을 위한 거실을 중심으로 가옥이 구성되어 있다.

베트남의 가옥은 조상 숭배와 손님 접대를 위한 공간을 우선적으로 고려해 가장 넓은 공간에 배치한다. 조상 숭배를 위한 제단을 집의 가장 안쪽에 두고, 밖으로 열린 개방적이고 시원한 공간에 손님들을 위한 응접실을 배치한다. 이는 베트남 사람들의 지극한 조상 숭배 전통과 손님을 환대하는 전통을 반영한 것이다.

〈 베트남의 전통 가옥 〉

아울러 생활에 필요한 물을 얻기 위해 집집마다 우물을 따로 마련하는데 지금도 베트남의 시골에 가면 우물을 쉽게 볼 수 있다. 베트남에는 우물에서 빨래하거나 목욕하는 문화가 있으며, 베트남인은 우물을 정신적인 존재라고 생각한다. 또한 공동 문화를 중시하기 때문에 마을 어귀에도 우물이 있다. 우물과 정나무는 베트남 농촌의 대표적인 이미지이다.

한편 고산지대에서는 습한 공기나 짐승, 곤충 등으로부터 보호하기 위해 나무기둥 위에 집을 지었다. 현재 고산지대에 있는 소수민족은 이러한 가옥 형태에 거주하고 있다.

오늘날 베트남 가옥의 건축 양식은 서양 건축을 수용하면서 고층 건물이나 현대식 빌라 형태로 짓는다. 그 결과 전통 가옥이 점차 사라지고 있어 문화유산으로 보호를 받고 있다.

〈 베트남의 현대 가옥 〉

13

제13과

또이 껀 템 터이 잔 쑤이 응이
Tôi cần thêm thời gian suy nghĩ
생각할 시간이 좀 더 필요합니다

대화

Minjung
민정:

버이 저 쭝 따 띠엔 하잉 끼 헙 동 니에?
Bây giờ chúng ta tiến hành kí hợp đồng nhé?
지금 계약 체결을 진행할까요?

Long
롱:

씬 로이 찌, 느이응 쭝 따 꼬 테 타이 도이 응아이 끼 헙 동 드억 콩아?
Xin lỗi chị nhưng chúng ta có thể thay đổi ngày kí hợp đồng được không ạ?
죄송하지만, 계약일을 변경할 수 있을까요?

Minjung
민정:

떳 니엔 라 드억. 느이응 꼬 쭈엔 지 버이?
Tất nhiên là được. Nhưng có chuyện gì vậy?
물론이죠. 그런데 무슨 문제가 있나요?

Long
롱:

꼬 바이 번 데 또이 파이 쌤 쌧. 또이 껀 터이 잔 데 쑤이 응이 템.
Có vài vấn đề tôi phải xem xét. Tôi cần thời gian để suy nghĩ thêm.
몇 가지 검토해야 할 부분이 있어서요. 생각할 시간이 좀 더 필요합니다.

며칠 후 전화 통화 **Cuộc gọi sau đó vài ngày** 꾸옥 고이 싸우 도 바이 응아이

Long
롱:

또이 무온 이에우 꺼우 쓰어 도이 깍 항 묵 찌 띠엣 어 디에우 바이 꾸오 반 헙 동.
Tôi muốn yêu cầu sửa đổi các hạng mục chi tiết ở điều 7 của bản hợp đồng.
계약서의 제7조 세부 항목을 수정할 것을 요청드립니다.

Minjung
민정:

아잉 무온 쓰어 도이 테 나오?
Anh muốn sửa đổi thế nào?
어떻게 수정할 것을 원하십니까?

Long
롱:

또이 무온 템 바오 깍 묵 리엔 꽌 덴 자 한 바 휘 헙 동.

Tôi muốn thêm vào các mục liên quan đến gia hạn và huỷ hợp đồng.

계약의 파기 및 연장에 관한 사항을 추가하고 싶습니다.

Minjung
민정:

아, 자 라 버이. 또이 쌔 반 버이 루엇 쓰 조이 리엔 락 버이 아잉.

À, ra là vậy. Tôi sẽ bàn với luật sư rồi liên lạc với anh.

그렇군요. 저희 변호사와 상의한 후 연락드리겠습니다.

유용한 표현

- 시간을 좀 더 주세요. **Cho tôi thêm thời gian.** 쪼 또이 템 터이 잔.
- 좀 더 검토해보고 싶습니다. **Tôi muốn xem xét thêm.** 또이 무온 쌤 쌧 템.
- 계약서를 검토하는 중입니다.
  Tôi đang xem xét hợp đồng. 또이 당 쌤 쌧 헙 동.
- 이번 주 내로 연락드리겠습니다.
  Trong tuần này, tôi sẽ liên lạc. 쫑 뚜언 나이, 또이 쌔 리엔 락.
- 회사 내부 사정으로 인해 계약을 하지 않기로 결정했습니다.
  Vì lý do nội bộ công ty nên chúng tôi quyết định không kí hợp đồng. 비 리 조 노이 보 꽁 띠 넨 쭝 또이 꾸엣 딩 콩 끼 헙 동.
- 계약서의 일부 내용에 대한 변경을 요청합니다.
  Tôi yêu cầu thay đổi một phần nội dung của hợp đồng.
  또이 이에우 꺼우 타이 도이 못 펀 노이 즈웅 꾸오 헙 동.
- 이메일로 자세한 내용을 보내드리겠습니다.
  Tôi sẽ gửi nội dung chi tiết qua email.
  또이 쌔 그이 노이 즈웅 찌 띠엣 꽈 이멜.
- 계약을 취소합니다. **Huỷ hợp đồng.** 휘 헙 동.
- 계약을 철회합니다. **Rút lại hợp đồng.** 줏 라이 헙 동.
- 계약을 연장합니다. **Gia hạn hợp đồng.** 자 한 헙 동.

계약서	bản hợp đồng	반 헙 동	변경	thay đổi	타이 도이
계약자	người kí hợp đồng	응으어이 끼 헙 동	요청	yêu cầu	이에우 꺼우
계약을 취소하다	huỷ hợp đồng	휘 헙 동	승낙	thông qua	통 꽈
연장	gia hạn	자 한	사인	kí	끼
검토	xem xét	쌤 쌧	외국	ngoại quốc	응와이 꾸옥
주소	địa chỉ	디어 찌	외국인	người nước ngoài	응으어이 느억 응와이
연락처	số liên lạc	쏘 리엔 락	연관하다	liên quan	리엔 꽌
수정	sửa đổi	쓰어 도이	결정	quyết định	꾸옛 딩

문법과 활용

➡ 베트남어 비교법

최상급: '가장 ~하다'라는 뜻의 최상급은 'nhất 녓'으로 표현한다.

주어 + 형용사 + nhất 녓: '가장 ~하다'

 – 하롱바이는 베트남의 가장 아름다운 관광지입니다.
　　Vịnh Hạ Long là thắng cảnh đẹp nhất ở Việt Nam.
　　비잉 하 롱 라 탕 까잉 댑 녓 어 비엣 남.
– 베트남에서는 호찌민 시가 가장 발전한 도시입니다.
　　Thành phố Hồ Chí Minh là thành phố phát triển nhất ở Việt Nam.
　　타잉 포 호 찌 민 라 타잉 포 팟 찌엔 녓 어 비엣 남.
– 저희 회사에서는 남 씨가 가장 열심히 일합니다.
　　Trong công ty tôi, anh Nam làm việc chăm chỉ nhất.
　　쫑 꽁 띠 또이, 아잉 남 람 비엑 짬 찌 녓.
– 한국의 IT 분야에서는 저희 회사가 가장 큰 회사입니다.
　　Công ty chúng tôi là công ty lớn nhất trong lĩnh vực IT ở Hàn Quốc.
　　꽁 띠 쭝 또이 라 꽁 띠 런 녓 쫑 링 븍 아이티 어 한 꾸옥.

➡️ 베트남어 비교법

비교급: '~더욱 더 ~하다'는 뜻의 'hơn 헌'으로 표현한다.

주어1 + 형용사 + hơn 헌 주어 2: 더욱 더 ~하다

예
- 이 집은 저 집보다 크다.
  Ngôi nhà này lớn hơn ngôi nhà kia. 응오이 냐 나이 런 헌 응오이 냐 끼어.
- 란 씨가 마이 씨보다 예쁘다. **Cô Lan đẹp hơn cô Mai.** 꼬 란 뎁 헌 꼬 마이.
- 우리 회사는 다른 회사보다 규모가 더 크다.
  Công ty chúng tôi có quy mô lớn hơn công ty khác.
  꽁 띠 쭝 또이 꼬 뀌 모 런 헌 꽁 띠 칵.
- 이 음식은 저 음식보다 더 맛있다.
  Món ăn này ngon hơn món ăn kia. 몬 안 나이 응온 헌 몬 안 끼어.

주어1 + 형용사 + 'bằng 방, như 니으' 주어2: ~만큼 ~하다

예
- 이 집은 저 집만큼 크다.
  Ngôi nhà này lớn bằng ngôi nhà kia. 응오이 냐 나이 런 방 응오이 냐 끼어.
- 란 씨가 꽃처럼 예쁘다. **Cô Lan đẹp như hoa.** 꼬 란 뎁 니으 화.
- 동생이 형만큼 키가 크다.
  Em cao bằng anh trai. 앰 까오 방 아잉 짜이.
- 이 음식은 저 음식만큼 맛있다.
  Món ăn này ngon như món ăn kia. 몬 안 나이 응온 니으 몬 안 끼어.

MEMO

연습하기

1 주어진 문장을 베트남어로 바꿔 쓰고 말해보자.

A. 어떻게 변경하실 겁니까?

_____

B. 계약을 연장합니다.

_____

C. 생각할 시간을 좀 주세요.

_____

D. 계약을 취소합니다.

_____

2 주어진 정보를 활용해서 문장을 만들어보자.

> **보기)**
>
> ▶ Quyển sách này 10,000 đồng. 이 책은 1만 동입니다.
> ▶ Quyển sách kia 15,000 đồng. 저 책은 1만 5천 동입니다.
> → Quyển sách này rẻ hơn quyển sách kia. 이 책은 저 책보다 쌉니다.

A. Hoa đẹp. Cô Mai đẹp.

_____

B. Anh Long cao 1m 75. Anh Nam cao 1m 80.

_____

C. Cây cầu này dài 100m, cây cầu kia dài 100m.

_____

베트남의 결혼식

베트남에서는 태어나서 죽을 때까지 관혼상제를 거치는데, 그중에서도 결혼식과 장례식은 가장 중요한 의례이다. 베트남인에게 결혼은 가장 중요한 행사이다. 남녀가 부부가 되는 의례를 혼례라고 하는데 베트남에서는 남녀 개인의 행사가 아니라 가족과 가족, 더 나아가 두 가문을 결합하는 의례이기 때문에 양가가 가장 신중하게 진행한다.

예전에는 전통 혼례를 여러 절차로 나누어 진행해서 길고 복잡했으나 최근에는 이러한 전통이 허례허식이라는 비판을 받으면서 전통 혼례의 절차를 간소화하고 하루 만에 끝내는 것으로 바뀌었다. 지역과 종교에 따라 조금 다를 수도 있지만 보통 베트남인의 혼례는 3가지 절차에 따라 진행한다.

첫 번째 절차는 양가 부모님의 만남이다. 신랑과 신부가 결혼하기로 결정하면 양가 부모에게 얘기한다. 양가 부모는 서로 시간을 맞춰서 만나 결혼식을 어떻게 진행할 것인지를 의논한다. 두 번째 절차는 '약혼식(Lễ Hỏi 레 호이)'이다. 신랑 측은 예물과 trầu cau 쩌우 까우*를 가지고 신부의 집으로 간다. 약혼식은 신부의 집에서 진행하며 신랑은 신부의 부모에게 예를 갖추어 인사하고 신부의 조상에게 제사를 올리고 나면 신부 측이 신랑 측에게 음식을 대접한다. 약혼식을 올리고 6개월에서 1년이 지난 후에 결혼식을 진행하는데, 베트남에서는 결혼식을 올리는 날짜를 잡는 일을 양가 부모와 스님과 함께 의논해서 결정하는 것이 일반적이다.

결혼식을 올리는 날 신랑 측은 예물을 가지고 신부의 집으로 찾아간다. 신랑은 신부의 집에서 조상에게 제사를 지내고 친지들에게 인사를 한 다음 신부와 함께 신랑의 집으로 간다. 신부는 신랑의 집에 가서 조상에게 제사를 지내고 신랑 측의 친지들에게 인사하며 한 가족이 되었다는 뜻을 전한다. 의례가 끝나면 양가의 친구, 친족들에게 음식을 대접한다. 결혼식에 가는 친구와 친족들은 축의금을 준비해 온다. 옛날에는 신부가 신랑의 집으로 가면 혼례가 끝났는데, 최근에는 절차는 비슷하지만 웨딩홀에서 하루 내에 결혼식을 진행한 후 신혼여행을 떠나기도 한다.

*Trầu cau는 구장 잎(betel)과 빈랑 열매(Areca nut)를 말하는 것으로 베트남에서는 부부 사이의 신뢰를 상징하므로 전통 혼례의 절차에 꼭 필요하다.

14 제14과
머이 아잉 덴 한 꾸옥
Mời anh đến Hàn Quốc
한국에 한번 오세요

대화

Minjung
민정:
응아이 하이 므어이 람 탕 싸우 라 응아이 레 끼 니엠 바 므어이 남 타잉 럽 꾸오 꽁 띠 쭝 또이.
Ngày 25 tháng sau là ngày lễ kỷ niệm 30 năm thành lập của công ty chúng tôi.
다음 달 25일에 저희 회사의 30주년 기념식이 있습니다.

Long
롱:
오, 씬 쭉 믕.
Ô, xin chúc mừng.
축하드립니다.

Minjung
민정:
또이 무온 머이 아잉 바 깍 년 비엔 꾸오 꽁 띠 IT 사이 곤 덴 탐 즈.
Tôi muốn mời anh và các nhân viên của công ty IT Sài Gòn đến tham dự.
이사장님과 사이공IT 임직원 분들을 초대하고 싶습니다.

Long
롱:
깜 언 찌. 쭝 또이 꼬 테 즙 지 쪼 찌 바오 레 끼 니엠 나이 콩?
Cám ơn chị. Chúng tôi có thể giúp gì cho chị vào lễ kỷ niệm này không?
감사합니다. 이번 행사에 저희가 도와드릴 것은 없을까요?

Minjung
민정:
어 한 꾸옥 꼬 꺼우: 니엠 부이 드억 찌어 쌔 쌔 년 도이. 찌 껀 아잉 덴 라 빙즈 쪼 쭝 또이 조이.
Ở Hàn Quốc có câu: 'Niềm vui được chia sẻ sẽ nhân đôi'. Chỉ cần anh đến là vinh dự cho chúng tôi rồi.
한국에서는 기쁜 일을 함께하면 기쁨이 두 배가 된다고 말합니다. 와주시는 것만으로도 저희에게 영광이 될 것입니다

Long
롱:
또이 쌔 쌉 쎕 릭 데 덴 탐 즈.
Tôi sẽ sắp xếp lịch để đến tham dự.
일정을 조정하여 꼭 참석하겠습니다.

- 저희 회사의 창립 기념식에 초대합니다.

Mời anh chị đến tham dự lễ kỉ niệm thành lập công ty của chúng tôi. 머이 아잉 찌 덴 탐 즈 레 끼 니엠 타잉 럽 꽁 띠 꾸오 쭝 또이.

- 축하합니다. **Xin chúc mừng.** 씬 쭉 믕.

- 베트남의 기념식 문화는 어떠한가요?

Ở Việt Nam, người ta kỉ niệm như thế nào?
어 비엣 남, 응으어이 따 끼 니엠 니으 테 나오?

- 한국에 와보신 적이 있으십니까?

Anh/Chị đã đến Hàn Quốc bao giờ chưa?
아잉/찌 다 덴 한 꾸옥 바오 저 쯔어?

- 저희가 숙소 및 항공 편을 예약하겠습니다.

Chúng tôi sẽ đặt vé máy bay và chỗ ở.
쭝 또이 쌔 닷 베 마이 바이 바 쪼 어.

단어

기념식	lễ kỉ niệm	레 끼 니엠	결혼식	lễ cưới	레 끄어이
참석	tham dự	탐 즈	입학식	lễ khai giảng	레 카이 장
일간	hàng ngày	항 응아이	졸업식	lễ tốt nghiệp	레 똣 응이엡
주간	hàng tuần	항 뚜언	장례식	lễ tang	레 땅
월간	hàng tháng	항 탕	개막식	lễ khai mạc	레 카이 막
연간	hàng năm	항 남	착공식	lễ khởi công	레 커이 꽁

➡ 사역동사

사역동사는 동사 앞에 'để cho 데 쪼'나 'làm cho 람 쪼'와 결합해서 표현하는데
다음은 예외이다.

하다	làm 람	~하게 하다	để cho làm 데 쪼 람
공부하다	học 혹	공부하게 하다	để cho học 데 쪼 혹
먹다	ăn 안	먹이다	cho ăn 쪼 안
기억하다	nhớ 녀	기억하게 하다	nhắc nhở 낙 녀
일어나다	dậy 저이	일어나게 하다	đánh thức 다잉 특
이해하다	hiểu 히에우	이해하게 하다	làm cho hiểu 람 쪼 히에우
자다	ngủ 응우	자게 하다	ru ngủ 주 응우

➡ 맛깔나는 대화로 이끌어주는 '감탄사'와 '추임새'

한탄하는 말	ôi 오이	슬퍼! Ôi! buồn quá. 오이! 부온 꽈.
아	à 아	아, 그렇군요. À, ra là vậy. 아, 자 라 버이.
어머나	trời ơi 쩌이 어이	어머나, 그래요? Trời ơi, vậy à? 쩌이 어이! 버이 아?
와	ồ 오!	와, 좋다! Ồ, tốt quá! 오, 똣 꽈!
야/이야	ơi 어이 (이름, 호칭을 부를 때)	저기요. Chị ơi/anh ơi. 찌어 이/아잉 어이.
응	ừ 으	응, 내일 가자. Ừ, mai đi nhé. 으, 마이 디 니에.
어휴	phù 푸	어휴, 더워! Phù, nóng quá! 푸, 농 꽈!
네	vâng, dạ 브엉, 자	네, 내일 갈게요. Vâng, mai sẽ đi ạ. 브엉, 마이 쌔 디 아.

다음 단어를 베트남어로 써보자.

A. 결혼식 _____

B. 장례식 _____

C. 생일 _____

D. 졸업식 _____

 알맞은 단어끼리 서로 연결해보자.

A. 어머나! •   • a. Á!

B. 아! •   • b. Phù!

C. 네. •   • c. Trời ơi!

D. 어휴! •   • d. Vâng.

베트남의 장례식

죽은 사람에 대한 예를 갖추어 그를 떠나보내는 의례를 장례라고 한다. 요즘 한국에서 는 장례식장이 병원에 마련되어 있지만 베트남에서는 죽은 사람의 집에서 장례를 지낸 다. 베트남에서는 장례를 보통 3일장으로 치르는데, 유족은 남녀 모두 흰색 상복을 입 고 흰 두건을 써야 한다. 한편 유족의 사돈은 장례 소식을 들으면 곧바로 장례용 꽃다발 을 보내는 것이 일반적이다.

유족을 위로하기 위해 방문하는 문상객은 단정하고 수수한 옷을 입고 조의금을 준비한 다. 문상객들은 죽은 사람의 관 앞에 불향을 피우며 절을 두 번 올린다. 불교를 따르는 장 례식이면 죽은 사람의 관 옆에 불상을 배치해 향을 피우고 불상에 세 번 절을 한다. 문상 객이 절을 하면 유족 중에서 한 남자(주로 아들)가 맞절을 한다. 장례를 지내는 3일 동안 유족은 문상객들이 먹을 음식을 준비하고, 문상객들은 음식을 먹으면서 죽은 사람에 대 한 이야기를 나누고 유족을 위로한다.

공동 문화가 강한 베트남에서는 장례를 지내는 하루 동안 북을 치고 나팔을 분다. 이는 죽은 사람을 저승으로 보내는 의미가 있으며, 동네 사람들에게 장례를 알리는 방식이 기도 하다.

장례 후 49일째 되는 날과 100일째 되는 날에 고인의 가족들은 큰 제사를 지내며, 매년 고인이 돌아가신 날에 제사를 올린다. 한국과 마찬가지로 베트남 사람들은 3년상을 치 르는데, 일반적으로 장남과 장녀가 상을 치른다. 또한 상중에 있을 때에는 다른 사람의 결혼식에 참석하는 것을 삼간다.

15 | 제15과 핸 갑 라이
Hẹn gặp lại
또 만납시다

Minjung
민정:

또이 젓 부이 믕 비 헙 동 더우 띠엔 끼 버이 비엣 남 다 타잉 꽁.

Tôi rất vui mừng vì hợp đồng đầu tiên kí với Việt Nam đã thành công.

베트남과 첫 계약이 잘 성사되어 기쁩니다.

Long
롱:

쭝 또이 꿍 버이. 히 봉 쌔 꼰 갑 라이 찌.

Chúng tôi cũng vậy. Hy vọng sẽ còn gặp lại chị.

저희도 같은 마음입니다. 또다시 만날 수 있으면 좋겠습니다.

Minjung
민정:

떳 느이엔 조이. 또이 쌔 꼰 꽈이 라이 비엣 남 니에우 런 느어.

Tất nhiên rồi. Tôi sẽ còn quay lại Việt Nam nhiều lần nữa.

물론입니다. 베트남에 여러 번 다시 갈 것 같습니다.

Long
롱:

런 싸우, 키 찌 꽈이 라이 비엣 남 또이 쌔 드어 찌 디 쌤 니에우 까잉 댑 꾸오 비엣 남.

Lần sau, khi chị quay lại Việt Nam tôi sẽ đưa chị đi xem nhiều cảnh đẹp của Việt Nam.

다음에 다시 오실 때에는 베트남의 다양한 아름다운 경치를 보여드리기 위해 모시러 가겠습니다.

Minjung
민정:

오, 또이 젓 몽 더이 응아이 도.

Ồ, tôi rất mong đợi ngày đó.

와, 벌써 기대가 되는데요.

Long
롱:

버이 핸 갑 라이 찌 어 한 꾸옥.

Vậy hẹn gặp lại chị ở Hàn Quốc.

그럼, 한국에서 뵙겠습니다.

203

Minjung
민정:

브엉, 또이 쌔 더이. 하이 리엔 락 쪼 또이 응아이 키 아잉 꼬 자잉 싸익 탐 자 니에.

Vâng, tôi sẽ đợi. Hãy liên lạc cho tôi ngay khi anh có danh sách tham gia nhé.

네, 기다리고 있겠습니다. 참석자가 정해지는 대로 연락 주세요.

Long
롱:

브엉, 찌 디 빙 안 바 하이 리엔 락 쪼 쯩 또이 키 찌 덴 한 꾸옥 니에.

Vâng, chị đi bình an và hãy liên lạc cho chúng tôi khi chị đến Hàn Quốc nhé.

네. 조심히 가시고, 도착 후 연락 주십시오.

유용한 표현

- 좋은 인연 이어가기를 바랍니다.

Mong rằng chúng ta sẽ tiếp tục duy trì nhân duyên tốt đẹp này. 몽 장 쭝 따 쌔 띠엡 뚝 쥐 찌 년 주옌 똣 댑 나이.

- 다시 뵙길 바랍니다. **Mong ngày gặp lại.** 몽 응아이 갑 라이.

- 한국에서 만나요. **Hẹn gặp ở Hàn Quốc.** 핸 갑 어 한 꾸옥.

- 베트남에 또 오세요.

Hãy đến Việt Nam nữa nhé. 하이 덴 비엣 남 느어 네.

- 다음 회의 때 뵙겠습니다.

Hẹn gặp ở hội nghị lần sau. 핸 갑 어 호이 응이 런 싸우.

- 좋은 결과가 있기를 바랍니다.

Chúc anh/chị có kết quả tốt. 쭉 아잉/찌 꼬 껫 꽈 똣.

만남	cuộc gặp	꾸옥 갑	연락하다	liên lạc	리엔 락
인연	nhân duyên	년 주이엔	유지하다	duy trì	주이 찌
환송식	tiệc chia tay	띠엑 찌어 따이	출발하다	xuất phát	쑤엇 팟
기대하다	mong đợi	몽 더이	평안하다	bình an	빙 안
도착하다	đến	덴	헤어지다	chia tay	찌어 따이

문법과 활용

➡ 간접화법 'nói rằng 노이 랑' 또는 'nói là 노이 라'

다른 사람이 한 이야기를 다시 전달할 때 앞에 말한 사람을 주어로 하고 원문 앞에 'nói rằng 노이 랑'이나 'nói là 노이 라'라는 표현을 붙인다. 영어의 "주어 + said that" 의 형태와 비슷하다.

예
- 롱 사장님이 내년에 한국에 가신대요.
  Giám đốc Long nói rằng năm sau sẽ đi Hàn Quốc.
  쟘 독 롱 노이 장 남 싸우 쌔 디 한 꾸옥.
- 그들은 베트남어가 너무 어렵대요.
  Họ nói là tiếng Việt khó lắm. 호 노이 라 띠엥 비엣 코 람.
- 민정 씨가 기다리겠다고 했어요. Chị Minjung nói là sẽ đợi. 찌 민정 노이 라 쌔 더이.

의사
이 약을 드시면 안 돼요.
Chị không được uống thuốc này. 찌 콩 드억 우옹 투옥 나이.

환자
뭐라고 하셨어요?
Bác sĩ nói gì ạ? 박 씨 노이 지 아?

보호자
이 약을 먹지 말래.
Bác sĩ nói là chị không được uống thuốc này.
박 씨 노이 라 찌 콩 드억 우옹 투옥 나이.

연습하기

1 주어진 문장을 베트남어로 써보자.

A. 한국에서 만나요.

_____

B. 베트남에 또 오세요.

_____

C. 물론입니다.(그럼요.)

_____

D. 민정 씨가 기다리겠다고 합니다.

_____

MEMO

베트남 사람의 성격의 특징

베트남은 남북의 지형에 따라 성격과 성향이 다소 다르다. 북부 및 중부 지방 사람들은 전통을 중시하고 내향적인 경향이 있는 반면, 남부 지방 사람들은 개방적이고 낙천적인 특징이 있다. 이는 역사, 문화 및 자연환경의 영향이라고 볼 수 있다. 특히 베트남의 경우 다른 나라에서는 보기 어려울 정도로 매우 복잡한 역사와 문화가 있다는 점도 민족의 성향에 영향을 끼쳤다. 그럼에도 한국처럼 정을 중시하는 점은 모든 베트남 사람들이 가진 민족의 특징이라고 볼 수 있다.

베트남 사람들은 개인의 이익보다는 가족, 국가 및 집단의 이익을 우선시하는데, 이러한 특징을 드러내는 베트남어 어휘도 많다. 예를 들어 **tình nghĩa** 띵 응 이에(정과 의), **đoàn kết** 도안 껫(단결), **đồng bào** 동 바오(동포) 등과 같은 단어가 일상생활에서 자주 쓰인다. 이처럼 단결심과 정을 중시하는 민족의 특성 덕분에 베트남은 수많은 외부의 침략에 끝까지 저항해 독립을 이루어냈다.
베트남 사람들은 일을 처리할 때 객관적인 자세를 유지하기보다는 서로 양보하면 모든 일을 해결할 수 있다고 생각하는 경향이 있다. 그 결과, 법률과 규칙 등의 의무를 가볍게 여기는 경우가 많다. 이처럼 '정'을 중시하는 민족 특성은 상황에 따라 나라가 발전하는 데 장애가 되기도 한다.

베트남인의 또 다른 특성은 체면이 강하다는 점이다. 베트남 사람들은 자신이 잘못했을 때 "미안합니다/죄송합니다"라고 말로 직접 표현하기보다는 상대방에게 미소를 짓거나 눈빛으로 자신의 잘못에 대한 미안한 마음을 표현한다. 이는 자신의 잘못을 모르기 때문이 아니라 체면을 중시하다 보니 드러내고 인정하는 것을 기피하는 것이다.

베트남 사람들의 또 다른 특징은 한국인의 특징인 '빨리'와 정반대인 '느긋한' 성격이다. 이러한 특징이 형성된 원인 중에는 기후의 영향도 있는 듯하다. 베트남은 날씨가 더워서 빨리 움직이면 땀이 줄줄 나고 사람을 지치게 한다. 그래서 베트남 사람들은 대부분 행동을 천천히 하는데 일처리는 꼼꼼한 편이다.

연습하기 정답

01 | 일상회화 편

01과

① 형/오빠: anh, 할머니: bà, 할아버지: ông, (여성)선생님: cô

② A. Chào anh.
B. Rất vui được gặp anh.

02과

① A. làm   B. là
C. Hàn Quốc   D. không phải là

03과

① A. Ai đó?
B. Tôi là Kim Yoo Jin.
C. Anh/Chị làm việc ở đâu?
D. Tôi làm việc ở công ty du lịch.
E. Nhà vệ sinh ở đâu?
F. Anh/Chị làm gì?

04과

① 부끄러워요. Xấu hổ. 써우 호.   행복해요. Hạnh phúc. 하잉 푹.
졸려요. Buồn ngủ. 부온 응우.   예뻐요. Đẹp. 뎁.
아파요. Đau. 다우.   슬퍼요. Buồn. 부온.

05과

① 1. A: Bây giờ là mấy giờ?
B: Bây giờ là 8 giờ 20 phút.
2. A: Bây giờ là mấy giờ?
B: Bây giờ là 12 giờ.
3. A: Bây giờ là mấy giờ?
B: Bây giờ là 10 giờ 10.

A. con B. quyển C. chai D. ly E. lon

 A. Quýt này 1 cân bao nhiêu tiền?
Quýt này 1 cân 40 nghìn đồng.
B. Sầu riêng một quả bao nhiêu tiền?
Sầu riêng 1 quả 90 nghìn đồng.
C. Xoài này 1 cân bao nhiêu tiền?
Xoài này 1 cân 70 nghìn.

 Q. Giày này 200 nghìn đồng.
A. Hơi đắt, xin chị giảm giá cho.
Q. Tôi muốn mặc thử.
A. Vâng. Chị mặc thử đi.
Q. Một cái túi xách, một đôi giày là bao nhiêu tiền?
A. Tổng cộng là 450 nghìn đồng.

 A. hay B. hộ chiếu C. phòng D. chưa

 A. Cho tôi một ly cà phê.
B. Anh ơi, tính tiền.
C. Tôi đã gọi bánh mì rồi.
D. Cho tôi 2 phần bún chả.
E. Quán ăn này khá đắt.

 A-b. Chị nên đi bằng tắc-xi.
B-b. Chị nên đi bằng xe khách.

 B. Tiếng Việt khó nhưng thú vị.
C. Tôi và em trai sống ở Seoul.
E. Vợ tôi cũng là nhân viên.
F. Ở Việt Nam cũng có Tết.

12과 A. bị   B. một lát   C. được   D. thuốc tiêu hóa

13과 A. đi du lịch   B. uống thuốc   C. đến thăm anh

01과 A-c, B-d, C-a, D-b

 A. (không thể), (được)
B. (có thể), (được)
C. (không thể), (được)

02과 A. Xin cho thêm nước.
B. Đọc theo tôi.
C. Hãy làm theo hướng dẫn.

03과 A. giống   B. dài   C. xấu   D. ít

04과 A. Tôi là <u>thư kí</u> của <u>công ty</u> thương mại Phát Lâm.
B. Tôi là <u>kế toán</u> của <u>công ty cổ phần Mai Linh</u>.
C. Tôi là <u>giám đốc</u> của <u>tập đoàn Hoà Phát</u>.

 A. được   B. mà   C. trưởng phòng   D. cho

A. Ngành chế tạo   B. Ngành du lịch   C. Nông nghiệp
D. Ngành mậu dịch   E. Xuất nhập khẩu   F. Hợp tác
G. Đầu tư   H. Thành lập

 A. Thành phố nào có sân bay quốc tế?
B. Xin anh/chị cho biết khu vực nào ở Việt Nam có công
   nghiệp phát triển.
C. Khu vực nào có nhiều dự án INGO?
D. Ở khu vực này cần những thiết bị gì?
E. Anh/Chị đừng lo.

 A. tiệc tối
B. nâng ly
C. chúc mừng sinh nhật.
D. Dù không thông minh nhưng anh ấy làm việc rất chăm chỉ.

A. Anh/Chị thích món nào?
B. Anh/chị hãy giới thiệu món ăn truyền thống của Việt Nam.

 A. Cuộc họp   B. sau khi   C. lúc   D. một lát

 A. Tôi xin tự giới thiệu.
B. Tôi xin trình bày về kế hoạch kinh doanh của tháng sau.
C. Thứ ba tuần sau thì thế nào?
D. Còn hợp đồng thì thế nào?
E. Tôi xin giới thiệu về đặc tính của sản phẩm mới.

 A. Nếu thì   B. và   C. Vì   D. nhưng

A. Việc hợp tác

B. Việc gặp gỡ

C. Việc điều chỉnh giá

D. Việc tham gia

E. Việc làm việc

A. Anh muốn thay đổi thế nào?

B. Tôi gia hạn hợp đồng.

C. Tôi cần thêm thời gian để suy nghĩ.

D. Tôi huỷ hợp đồng.

A. Hoa đẹp như Cô Mai.

B. Anh Nam cao hơn anh Long.

C. Cây cầu này dài bằng cây cầu kia.

A. Lễ cưới   B. Lễ tang   C. Sinh nhật   D. Lễ tốt nghiệp

A-c, B-a, C-d, D-b

A. Hẹn gặp anh/chị ở Hàn Quốc.

B. Chị lại đến Việt Nam nữa nhé.

C. Tất nhiên rồi.

D. Chị Minjung nói là sẽ đợi.

부 록

투자 및 사업 관련 정보

● **베트남 투자 계획부 사이트**
(Viet Nam's Ministry Of Planning and investment)
http://mpi.gov.vn/Home/en

베트남에 투자하기 위해 필요한 여러 가지 기본적인 투자 절차, 법률적인 규정, 베트남 사업 파트너
에 대한 정보 등을 베트남어와 영문으로 소개하고 있다.

베트남 주요 경제 단체 연락처

● **베트남 투자 계획부**
[Viet Nam Ministry Of Planning and investment]
- 주소: 6B, Hoang Dieu, Quan Thanh, Ba Dinh District, Ha Noi, Viet Nam
  Kantipath P.O〉 Box 198.
- 전화: (+84) 4 3823 445
- 팩스: (+84) 4 38234453
- 이메일: banbientap@mpi.gov.vn
- 웹사이트: http://mpi.gov.vn/Home/en

● **베트남 상공부**
[Ministry of Industry and Trade of The Socialist Of Vietnam-
Chamber of Commerce and Industry(MOIT)]
- 주소: 59 Hai Ba Trung, Hoan Kiem District, Hanoi, Vietnam
- 전화: (+84) 4 2220 2210
- 팩스: (+84) 4 2220 2525
- 이메일: bbt@moit.gov.vn
- 웹사이트: http://www.moit.gov.vn

Global Biz **Vietnamese**

씬짜오
베트남어

일상회화 편·비즈니스회화 편

2018년 6월 30일 1판 1쇄 발행

저　　자 응웬 티 꾸잉안(Nguyen Thi Quynh Anh)
교　　정 정소연, 송민규, 양가탁
오 디 오 응웬 티 꾸잉안, 김지영
진　　행 최근우, 이용태, 김성민
디 자 인 최형준
발 행 인 최진희

펴 낸 곳 (주)아시안허브
등　　록 제2014-3호(2014년 1월 13일)
주　　소 서울특별시 관악구 신림동 1546-5 (신림로19길 46-8)
전　　화 070-8676-3028
팩　　스 070-7500-3350
홈페이지 http://asianhub.kr
온라인캠퍼스 http://asianlanguage.kr

값 18,000원
ISBN 979-11-86908-42-6(13730)

─────────────────────────────

이 도서의 국립중앙도서관 출판예정도서목록(CIP)은
서지정보유통지원시스템 홈페이지(http://seoji.nl.go.kr)와
국가자료공동목록시스템(http://www.nl.go.kr/kolisnet)에서
이용하실 수 있습니다. (CIP제어번호: CIP2018016351)

─────────────────────────────